GUOYOU ZIBEN TOUZI
YU ZONGHE XIAOYI PINGJIA TIXI YANJIU

国有资本投资
与综合效益评价体系研究

谭明军　岳国华　王　超○著

西南财经大学出版社
Southwestern University of Finance & Economics Press
中国·成都

图书在版编目(CIP)数据

国有资本投资与综合效益评价体系研究/谭明军,岳国华,王超著.
一成都:西南财经大学出版社,2022.12
ISBN 978-7-5504-5392-0

Ⅰ.①国…　Ⅱ.①谭…②岳…③王…　Ⅲ.①国有企业—资本投资
—效益评价—研究—中国　Ⅳ.①F832.39

中国版本图书馆 CIP 数据核字(2022)第 102534 号

国有资本投资与综合效益评价体系研究
谭明军　岳国华　王超　著

责任编辑:张岚
责任校对:廖韧
封面设计:何东琳设计工作室
责任印制:朱曼丽

出版发行	西南财经大学出版社(四川省成都市光华村街55号)
网　　址	http://cbs.swufe.edu.cn
电子邮件	bookcj@swufe.edu.cn
邮政编码	610074
电　　话	028-87353785
照　　排	四川胜翔数码印务设计有限公司
印　　刷	成都市火炬印务有限公司
成品尺寸	170mm×240mm
印　　张	10.5
字　　数	191 千字
版　　次	2022 年 12 月第 1 版
印　　次	2022 年 12 月第 1 次印刷
书　　号	ISBN 978-7-5504-5392-0
定　　价	68.00 元

序

　　20 世纪 50 年代的社会资本国有化浪潮，确立了国有资本在国民经济中的支柱地位，并为社会主义公有经济和工业化的发展提供了强大的物质基础。新中国成立 70 多年来，国有资本平均每年以 12% 以上的速度递增；国有资本由 1999 年的 9.1 万亿元增长至 2020 年的 68 万亿元（不含金融性国有资本和行政事业性国有资本），年复合增长率达 10.05%。

　　根据国务院《关于 2020 年度国有资产管理情况的综合报告》，截至 2020 年年底，全国国有企业（不含国有金融企业）资产总额 268.5 万亿元、负债总额 171.5 万亿元、国有资本权益 76.0 万亿元；全国国有金融企业资产总额 323.2 万亿元、负债总额 288.6 万亿元，形成国有资产 22.7 万亿元；全国行政事业性国有资产总额 43.5 万亿元、负债总额 11.2 万亿元、净资产 32.3 万亿元。

　　在国有资本高速增长的同时，有关国有资本和国有企业改革的各种争论也从未停息过，各方言论此起彼伏、纷纷扰扰，各种研究成果也层出不穷、汗牛充栋。但是，如果从中国经济和社会发展的进程探寻支撑中国经济高速发展、经济安全和社会稳定的种种经验证据，我们不难发现，国有资本始终发挥着重要作用——从新中国成立初期的重工业优先发展战略的确立实施到城乡一体化的顺利推进再到成功应对数次金融危机，国有资本始终为中国经济发展贡献着能量，并坚如磐石地捍卫着中国经济的安全底线。

　　大部分已有研究成果都是从国有资本的经济效益出发，将国有资本作为一般资本对待，并未充分考虑国有资本的特殊属性在中国经济社会转型时期所发挥的巨大的非经济性效益（如社会效益），也没有对社会主义市场经济体制这种特殊的制度安排在新的经济社会环境中的独特性和合理性进行应有的考量，更未将研究视角还原到特定的历史和时代背景中，而抹杀了国有资本在中国特色社会主义市场经济体制改革与探索阶段的特殊贡献。

鉴于此，我们跳出了已有研究成果的固有模式，将国有资本置于广阔的历史和时代背景，并结合中国经济体制改革、社会转型和后赶超战略实施的特定的宏观环境，从经济效益和社会效益两个方面入手，对国有资本综合效益进行了具有中国特色和时代特征的分析与论证。此外，我们还将国有企业改革和金融危机纳入了统一的分析框架，从理论和实践、历史和现实的角度对国有资本的作用与功能进行了系统的研究与分析，并全面揭示了国有资本在应对金融危机过程中的重大现实意义，拓展了国有资本实现国家宏观调控功能以及其对转型时期国家控制经济制度与社会体制变革进程的特殊作用的研究。

此外，针对目前绝大多数研究都是从国有资本经济效率的角度来评价国有资本的现状，我们从资本的一般属性出发，在充分考虑直接经济效益的基础上，将国有资本的社会属性纳入研究框架，提出了国有资本投资综合效益评价方法与指标体系。

虽然我们尝试以一种新的研究视角来对国有资本投资综合效益评价体系进行全面、系统的研究，但是不可否认，新的尝试与探索不可避免地会产生许多不足与缺憾；并且结构性知识匮乏以及关注视角上的不完备，必然会使我们的研究存在诸多局限。

本书是在谭明军的博士学位论文基础上修订完成的。全书由谭明军撰写完成，在后期修订过程中，得到了海南省五指山市政府岳国华同志以及广发银行成都分行王超同志的支持和帮助。

谭明军

2022 年 3 月

前言

　　改革开放所创造的"中国奇迹"引起了无数中外研究者广泛而持久的关注，有人从中国的经济和政治体制入手，希望发现"中国奇迹"的根源与内在决定因素，也有人从资源禀赋、比较优势、后发优势等角度进行挖掘。尽管这些研究各有侧重、各有所长，并且也极有可能从某一角度把握住了中国经济和社会发展的脉搏，但是我们认为，将研究西方国家或其他某一国经济发展的方法简单地、移花接木式地复制到中国经济上，恐怕未必可行，或者未必具有多大价值。因为中国的经济和社会发展有着不同于其他任何国家的独特之处。而且作为一个受益于改革开放的社会主义国家，我国在探索社会主义市场经济的过程中也有着明显的中国特色。从20世纪50年代的社会主义改造到重工业优先发展战略确立，再到成功应对数次金融危机，我们发现有一个因素始终在中国经济和社会发展过程中起着中流砥柱的作用。这个因素就是国有资本。同时，有关国有资本的争论也一直纷纷扰扰、难以达成一致。鉴于此，我们打算从综合效益的角度入手，来探讨和研究国有资本投资对中国经济增长和社会发展的影响以及如何构建科学合理的评价体系。

　　本书的研究思路是：第一，在导论部分对研究背景、研究目的与意义以及相关文献等进行了初步论述，其目的在于对本书的基本架构进行总体性的设计与构建。第二，对国有资本范畴进行了相关理论分析和历史考察，并对影响国有资本投资综合效益的相关因素进行了探讨与研究。在分析和研究的过程中系统地对相关理论成果进行了梳理与评述，并在此基础上将国有资本投资与其所处时代相联系，从而使分析更具时代意义和前瞻性。第三，在理论分析框架的基础上，对国有资本投资的后果进行了相关经济学分析和实证检验，得到了一些政策性启示。第四，在前文基础上，构建了国有资本投资综合效益评价指标体系。在构建该指标体系时，充分运用了前文理论分析的成果，从国有资本的特殊属性（社会职能）出发，秉承"以人为本"的精神，创建了国有资本投资的新的评价指标体系。第五，结合理论分析成果和实证研究的经验数据，给出了相关政策性建议。

具体来说，本书共由六个部分构成：

第一部分是导论。该部分立足于中国改革开放和社会转型的特殊背景，以中国经济增长和社会发展为主线索，对本书的研究背景与研究意义展开了探讨，并因此确立了研究重点与研究内容，为研究指明了基本方向；且在此基础上，对已有的相关文献和研究成果进行了简要梳理与回顾。正是在这些相关文献和研究成果的基础上，我们进一步明确了本书的研究切入点、研究重点、研究难点、研究思路以及研究方法。

第二部分，对本书涉及的重要概念进行了界定，并就国有资本存在与发展的理论意义和现实意义以及国有资本在社会主义市场经济中的特征与功能进行了分析。我们以马克思的资本观为基本出发点，对资本、国有资本等关键概念进行了界定，并明确指出了资本并不是只存在于资本主义社会的一个历史范畴。作为一种物质性的稀缺资源，它既可以存在于资本主义，也可以存在于社会主义。通过对关键概念的分析与界定，明确了在今后很长一段时期内公有资本（包括国有资本与集体资本，其中国有资本是主体）与非公有资本的共同存在和共同发展将是我国经济体制改革过程中的一个客观事实，这是由我国社会主义初级阶段的基本国情所决定的。值得强调的是，体现社会主义市场经济基本特征的资本范畴主体必须是公有资本。在科学利用非公有资本的要素贡献的力量时，一方面要积极鼓励和引导非公有资本的健康发展，另一方面也要防止非公有资本权力无限扩张而造成对社会主义公有制的损害。此外，按照马克思国家学说，从复杂的社会关系中抽离出来的财产权力是一种与国家政治权力相对应的权力范畴：国家以财产所有者身份获取财产权力。作为国家财产权力集中体现的国有资本同样也是生产资料所有制的集中反映：社会主义生产资料公有制决定了社会主义国家政权与国家意志必须维护和巩固以公有制为基本特征的社会主义财产权力，通过这种财产权力来获取利润以进一步发展和壮大社会主义国有经济，并为社会主义的经济与社会发展提供强大的物质基础。

第三部分，对影响国有资本投资综合效益的决定性因素进行了具体分析。首先，从资本的一般本性出发分析了资本原始动机下的利益诉求和社会总生产良性循环条件下的客观要求，进而从资本本性和社会总生产两个角度对国有资本投资综合效益的经济性因素进行了剖析。其次，从国有资本规模效应的角度入手对国有资本投资综合效益的内生性因素进行了经济学研究。最后，分别从治理性因素和配置性因素对国有资本投资综合效益展开了研究。本部分主要采用经济学研究方法对影响国有资本投资综合效益的各种因素进行了分析。在分析过程中，采用了从内因到外因、从微观到宏观的分析模式与演绎逻辑。

第四部分，分别从经济理论分析和经验分析的角度对国有资本投资的后果进行了定量研究。研究结果表明，国有资本投资对中国经济增长和社会发展有着长期的推动作用，但就中国经济增长和社会发展的轨迹来看，这种大量国有资本投资所带动的经济增长确实存在"粗放式发展"的迹象。为避免东亚其他国家经济发展过程中曾出现的增长持续性困境，结合中国经济体制改革和社会转型的特定宏观环境，我们给出了相应建议。

第五部分，构建了国有资本投资综合效益评价指标体系。该部分内容分别从经济效益和社会效益两个方面入手进行了指标体系构建。这种评价体系的构建，一方面改变了已有研究仅从经济效益入手的片面性，另一方面又体现了"以人为本"的精神。在重构经济效益类评价指标时，分别从直接经济效益和转移经济效益入手，采用了资本报酬率、剩余收益和全要素生产率三个主要指标进行考察；在构建社会效益类指标时，结合马斯洛的人类需求层次理论，分别从生活状况、教育状况、自然环境状况和社会环境状况四个维度选取了人均 GDP（国内生产总值）、失业率、人均居住面积、人均卫生投入、平均受教育年限、人均环境投资、社会犯罪率和基尼系数八个具体评价指标。在构建指标体系的过程中，结合相关历史数据，对改革开放以来的国有资本投资综合效益进行了评价。

第六部分是结论与政策建议。该部分是对之前研究内容和本书基本观点的总的概括。在该部分内容中，我们就如何提高国有资本投资效益提供了可行性建议。

本书的主要创新包括：

第一，新的研究视角。正如我们所强调的，大部分已有研究成果都是从国有资本的经济效益出发，将国有资本作为一般资本对待，并未充分考虑国有资本特殊属性在中国经济社会转型时期所发挥的巨大的非经济性效益（如社会效益），也没有对社会主义市场经济体制这种特殊的制度安排在新的经济社会环境中的独特性和合理性进行应有的考量，更未将研究视角还原到特定的历史和时代背景中，而抹杀了国有资本在中国特色社会主义市场经济体制改革与探索阶段的特殊贡献。鉴于此，我们跳出了已有研究成果的固有模式，将国有资本置于广阔的历史和时代背景，并结合中国经济体制改革、社会转型和后赶超战略实施的特定的宏观环境，从经济效益和社会效益两个角度入手，对国有资本投资综合效益进行了分析与论证。此外，我们还将国有企业改革和金融危机一并纳入了分析框架，从理论和实践、历史和现实的角度对国有资本的作用与功能进行了系统的研究与分析，并全面揭示了国有资本在战胜金融危机过程中的重大贡献，揭示了国有资本的宏观调控功能以及对转型时期国家控制经济制度与社会体制变革进程的特殊作用。

第二，理论分析上的尝试与探索。在本书整个理论分析框架中，我们对资本和国有资本以及相关范畴进行了详细的理论分析：沿着马克思资本观所提供的"资本的社会关系"线索，在批判地吸收西方经济理论中有关资本范畴研究成果的基础上，结合我国社会主义市场经济中资本范畴的认知变迁过程，重新界定了资本范畴及其相关概念，并就资本范畴的新的发展状况进行了一定程度的探讨；在此基础上，又对国有资本存在与发展的理论依据和现实意义进行了新的分析，尤其是在从社会化大生产角度进行的理论探讨中，尝试性地提出了国有资本具有"市场指挥者"职能；此外，围绕国有资本双重属性及其双重属性的矛盾统一，也进行了相关分析与论述。

第三，研究方法上的创新。研究方法上的创新主要体现在以下三个方面。首先，在理论框架分析部分，广泛地借鉴了经济学分析方法，如在对国有资本保值增值要求与社会职能履行（国有资本的双重属性）进行分析时，通过经济学分析方法确定了国有资本保值增值点和因过度承担社会职能所造成的政策性亏损区域，并就国有资本双重属性的矛盾统一进行了相关经济学分析；在对影响国有资本投资综合效益的经济性因素中的"社会总生产良性循环条件下的客观需求"进行分析时，则采用了宏观经济学中总生产与总供给曲线分析方法。此外，还采用了微观经济学中的效用分析工具对国有资本投资的最优规模进行了相关探讨。将经济学分析工具引入本书的确为本书的研究带来了诸多方便，也很好地解释了许多实际现象和问题。其次，在指标体系创建部分，在利用索洛剩余估计国有资本的外溢经济效益时，提出了以环比增长率替代常用的同比增长率数据。最后，为抵消技术进步对产出增长的影响，还提出了索洛剩余的差值计算法，而并未直接根据索洛模型的变形式进行估算，差值计算法的运用极大地降低了本已十分庞大的计算量。

第四，指标创建上的人文关怀。我们发现，基于理性经济人假设进行的各种经济研究，大部分都是为"经济"而"经济"，这些研究将"人"作为与资本、技术等物质性要素对应的生产要素，无视"人"作为经济活动的参与主体所发挥的主观能动性以及人自身的基本需求（如衣食住行等）。尽管现实的研究状况如此，我们仍然坚持认为，无论是经济增长还是社会发展，归根结底，都是"人"自身创造的，并最终要反映到"人"的发展与进步上来。因此，在创建国有资本投资效益评价指标体系时，我们立足于"人"的基本需求，秉承"以人为本"的精神，全方位、多维度地构建了国有资本投资综合效益评价指标体系。

著者

2022 年 3 月

目录

0 导论

0.1 选题背景

0.1.1 在波澜壮阔的历史画卷中找寻研究的切入点

1978 年，安徽凤阳小岗村 18 户农民代表怀着忐忑不安的心情秘密签订将集体耕地承包到户的契约之时，他们根本无法预料此举会在中国经济体制改革史上留下多么浓墨重彩的一笔，并且在未来四十多年所发生的一系列的连锁反应，也肯定是所有人始料未及的。同年 12 月，党的十一届三中全会顺利举行，全会提出将党的工作重点转移到经济建设上来，翻开了中国经济和社会发展的新篇章，一幅波澜壮阔、引人入胜的历史画卷也由此打开。

对外开放后，迎面而来的是外面的精彩世界带来的巨大的冲击。在贫困线上挣扎了几十年的国人终于被这种强烈的震撼唤醒了对财富、幸福和自由的渴望，于是，中国社会的创造力、想象力和勤奋被空前地激发。一笔资本、一个"点子"外加一点好运，成就了一批又一批人的财富梦想。中国社会从未像今天这样自由和平等，并为所有人提供了机会相对公平的改善生活状况与自我发展的条件和可能，无论你是精英抑或"草根"。四十多年过去了，中国社会发生了翻天覆地的变化，从联产承包到财政分权、国有企业改革再到教育改革、医疗改革以及新农村建设，有一个不争的事实，那就是改革开放四十多年所取得的举世瞩目的成就，确实让国人"民富国强"的梦想开始逐步变为现实，使中国由一个人均 GDP 为 226.79 美元的赤贫国家发展成了一个人均 GDP 达 12 551 美元的中等偏低收入国家①，并极大地改善了几乎所有国民的生活状

---

① 根据《中国统计年鉴》（2009），1978 年中国人均 GDP 为 381 元人民币，我们按当年 1 美元兑人民币 1.68 元的汇率水平进行换算，得到 1978 年中国人均 GDP 约为 226.79 美元；另外，根据国际货币基金组织（IMF）2022 年 2 月公布的数据，2021 年中国人均 GDP 为 12 551 美元。

况，缩短了与世界发达国家的差距，显著地增强了国人的民族自尊心和自豪感。尤为重要的是，中国在经济和社会高速发展的同时，有效地避免了绝大多数发展中国家在转型时期所出现的"发展陷阱"以及由此所引发的严重的两极分化、自我迷失和大规模的阶层对抗、社会动荡乃至国家分裂；此外，在保护私有产权、鼓励和引导私人资本健康发展的同时，通过对关系国计民生的重要行业和关键领域的国有资本的垄断与控制以及坚持不懈的反腐倡廉，极大地提高了经济发展效率并较成功地遏制了国有资本大规模变质为家族寡头资本的可能，从而避免了"权贵资本主义"对国民财产的吞噬与侵占以及对社会主义政权的腐蚀和危害。当然，在经济高速发展的同时不可避免地也出现了一些社会转型共同面临的负面因素，如通货膨胀、房价畸高、贪污腐败、贫富悬殊等，但我们身处的仍然是一个伟大时代，它值得深刻思考和深入研究。不管研究什么经济和社会问题，我们都不可能将其与所处时代割裂，因此，我们希望在经济发展和社会进步的历史进程中寻找到研究的切入点。

关于中国经济和社会发展，我们认为，至少有两个研究领域是绝对不能绕开的，即"三农"问题和国有资本（或国有企业、国有经济等）的相关课题，因为这两个领域的问题始终与中国经济和社会发展的各个方面有着或近或远、或直接或间接的联系。改革开放三十年之际，发源于大洋彼岸的金融危机席卷全球、愈演愈烈，导致了世界经济的急剧萎缩，使中国经济增长也遭受了巨大冲击。然而，到了 2009 年 6 月，中国经济率先"企稳回升"并成功规避了"二次触底"的风险。中国经济近乎完美的"V"形反弹，惊艳了世界，给尚在"寒冬"中的世界经济以温暖和希望，并成为引领世界经济复苏的"火车头"。在这次金融危机中，中国经济所表现出的强大的风险抵抗能力以及持续强劲的增长趋势引起了我们的兴趣。而随后我们发现，在成功应对本次金融危机的过程中，国有资本投资发挥了至关重要的作用[①]。我们认为，有关国有资本的研究还可以找到一个全新的视角。鉴于此，我们将研究的重点聚焦到了国有资本领域。

0.1.2 于理论纷争中探寻中国经济和社会发展的经验证据

20 世纪 50 年代的社会资本国有化浪潮，确立了国有资本在国民经济中的支柱地位，并为社会主义公有经济和工业化的发展提供了强大的物质基础。到

---

① 郭复初等：《国有企业是战胜金融危机的中流砥柱》，载于《国有资产管理》，2010 年，第 10 期。

新中国成立50年时，国有资本平均每年以12.4%的速度递增①；国有资本由1999年的9.1万亿元增长至2008年的18万亿元②，每年平均增长率达7.9%。然而，长期以来有关国有资本和国有企业改革的各种争论也从未停息过，各方言论此起彼伏、纷纷扰扰，各种研究成果也层出不穷、汗牛充栋。

可以毫不夸张地说，在国有企业改革的几十年间有关国有企业改革、国有资本效率、国有资本监管与经营以及国有资产流失的相关研究，无论是在质量或数量上都是空前的。而在所有这些研究中，争论的焦点和重点往往是国有资本效率问题，并且探讨国有资本效率时几乎所有的研究都是从资本投资的经济效率入手而展开的。研究的结果则更是众说纷纭，甚至相互矛盾：有人主张国有资本应走全盘私有化道路，并且国有资本数量最好降至零（樊纲，2001；白凤森，2000）；也有人主张国有资本应从某些行业退出并被转让给民间或国外投资者（陈文通，2000）；当然，也有研究者从其他角度得出了国有资本效率论的结果（Fare，1985；Vichers，1986；Caves，1990；Jefferson，1992，1994，1996；Rawski，1994；Nauton，1992；郭复初，1993，1995；林毅夫，1996；郑玉歆，1996；邢俊玲，1999；齐艺莹，2005；万立全，2009）。到了2009年，随着政府经济刺激方案的出台、大规模的国有资本投资的陆续开展以及大型国有企业经济效益的普遍利好，一种所谓的"国进民退"的新自由主义思潮开始泛滥，并再次将国有资本和国有企业置于指责和非议的激流漩涡之中，国有资本和国有企业陷入进退维谷的尴尬处境。这正如有的学者所言，国有企业似乎一直都是在"批评和抱怨中前进"的，"不赚钱以至亏损的时候批评它经营不善，缺乏效率；赚了钱甚至赚很多，批评它是'与民争利'，或者是为国家输送利益。如果它要做大，批评它是垄断；如果它做不大，批评说国有企业没有竞争力"③。那么，国有资本（或国有企业）是否真如某些研究者所言的效率低下，应将其全部私有化呢？我们想说的是，国有资本产权改革并非意味着全盘私有化，国有资本从某些领域合理地退出也并不意味着所有行业都应由私人资本和国际资本甚至投机热钱来垄断。有一个事实很好地佐证了我们的观点：金融危机后，即便一直标榜自由资本主义、极度反对政府干预和国有化的美国，也不得不采取大规模的救市和经济刺激以及对大型企业（如通用汽车和花旗银行）国有化的措施；而且一直以来，堪称资本主义楷模的美国，其私有化也并非如有人所鼓吹的那样彻底。据我们所知，美国经济中始终保持

① 张先治主编：《国有资本保值增值研究》，中国经济出版社，2000年，第16页。
② 以上数据来源于《中国财政年鉴》（2009），第505页。
③ 金碚：《国有企业的终极意义》，载于《中国企业家》，2009年，第17期。

着一定规模的国有资本成分。

我们暂且先撇开国有资本的效率问题，仅从中国经济和社会发展的进程中去探寻支撑中国经济高速发展、经济安全和社会稳定的种种经验证据。由此不难发现，国有资本始终发挥着重要作用。从新中国成立初期的重工业优先发展战略的确立实施到城乡一体化的顺利推进，再到成功应对数次金融危机，国有资本始终为中国经济发展贡献能量，并坚决捍卫着中国经济的安全底线。因此，我们认为，对于规模庞大、广泛分布于国民经济各重要领域且兼具社会职能的国有资本而言，如果单纯地从经济效率去考察它的话，难免会有一种"盲人摸象""以管窥豹"式的偏颇。鉴于此，我们打算从综合效益①的角度来考察它，并将其置于中国经济和社会发展的时代背景下。

0.2　研究目的与意义

0.2.1　研究目的

鉴于以上所述的种种缘由以及已有研究的局限，我们希望本书的研究至少可以达到以下目的：

（1）对资本、国有资本、国有资产、国有企业和国有资本效益等关键概念进行科学界定，并对这些概念之间的相互关系进行有效的辨析；对国有资本存在和发展的理论基础进行系统的考察和论述，并在此基础上提出我们的见解；客观公正地对国有资本在社会主义市场经济中的作用和地位进行阐述，并对国有资本投资过程中出现的一些负面因素进行理论分析。

（2）立足于马克思主义的辩证唯物思想，通过对几个理论认识问题的分析与探讨，客观公正地看待与评价国有资本效益问题，并借此澄清一些认识上的误区，纠正一些"左"或"右"的思想。

（3）在理论分析的基础上，将金融危机、收入分配和经济安全等现实因素纳入分析框架，并以此为条件对国有资本存在与发展的现实意义进行考察；

---

① 我们所说的"效益"，不同于传统研究中的效率（或经济效益），它至少应该包括经济效益和社会效益两个维度。以往的研究大都是从经济效益的角度进行的，这种研究客观上忽视了国有资本的社会属性，而仅仅将其与一般资本范畴等同起来。从资本的一般属性来看，利润增值（国有资本保值增值）应该是国有资本的基本目标，但是，由于国有资本特殊的社会属性的存在，我们不能将其与社会资本（如私人资本）纳入完全相同的考察框架。因此，我们想从综合效益的角度对国有资本投资进行研究。在后面的论述中还会对这个关键概念进行界定。

对决定国有资本投资综合效益的各种因素进行分析。

（4）对国有资本投资综合效益的评价方法与指标体系进行科学重构，对国有资本投资的后果进行定量研究，并就如何提高国有资本投资综合效益给出相应的合理化建议。

0.2.2　研究意义

（1）以中国特色社会主义理论为指导，从历史发展的角度入手，全面论证国有资本存在与发展的客观依据，消除了当前关于国有资本的一系列认识误区，在理论上为国有资本的存在和发展提供支持；并且通过对相关关键概念的理论界定，为后续研究提供可参考的研究框架。

（2）从经济效益与社会效益两方面入手，构建国有资本投资综合效益的评价方法与指标体系，为国家宏观层面的国有资本投资决策和国有资本经营预算确定提供参考依据和科学论证。

（3）将国有企业改革、金融危机与中国经济和社会发展的历史进程纳入统一的分析框架，从历史沿革和现实背景的角度研究国有资本的作用与地位，全面阐述国有资本在战胜金融危机过程中的重大作用，为后金融危机时期国有资本投资转向、产业布局、结构调整以及国家经济政策制定提供依据。

（4）通过研究范式的多元化，在构建国有资本投资综合效益评价方法与指标体系的基础上，采用实证方法对国有资本投资的后果进行了定量考察，使得研究更严谨、更具说服力，从而为考量国有资本投资的经济效益和社会效益提供了科学的量化依据。

0.3　文献综述

有关国有资本的研究大都是围绕国有资本效率、国有资本流失与监管以及国有资本运营与收益分配等方面展开的。其中，国有资本效率是最具有基础性意义的，同时也是最具争议的，因为其他两个问题几乎都可以认为是从国有资本效率这一基础命题衍生的。只要是关乎国有资本的研究，无论其研究的角度如何，国有资本效率问题都难以回避。

通过对相关文献的整理和分析，我们发现，针对国有资本效率这一基础命题所展开的研究其实数量颇多，但这些研究大部分都将国有资本效率限定在了经济效率方面，而很少涉及其独特的社会属性所导致的社会效益问题，于是得出了所谓的国有资本效率低下的观点。对于这种有意或无意的对国有资本社会效益避而不谈的研究方式，我们持谨慎的保留态度。同时，由于国有资本政策导向性的客观存在，我们打算在进行一般的学术性研究综述的基础上，对国家相关政策和制度规定做一个较为系统的梳理。

0.3.1 学术性文献综述

与国有资本效率问题最为紧密相关的研究集中体现在三个方面，可以说这三个方面实际上是国有资本效率问题的三个维度：国有资本的作用与职能、国有资本垄断、国有资本效率。

0.3.1.1 国有资本的作用与职能

早期的研究大都遵循了经济学的研究思路，从市场失灵和政府干预的角度论述了国有资本在公共产品和半公共产品生产领域的独特优势。斯蒂格利茨（Stiglitz，1989）指出，在存在市场失灵的情况下，相对于财政、税收和货币政策等国家干预手段，国有资本显然更具成本优势，而国有资本在贯彻国家政策意图、实施宏观经济调控与打击私人资本垄断方面则更为有效。而随后的文献则从调节收入分配、烫平经济周期以及促进经济增长等方面对国有资本（国有企业）的作用与职能进行了多维度、多视角的深入研究。

Colin（1994）从国有资本的收入分配调节功能的角度论述了国有资本的社会作用，并认为在社会福利和公共财政制度不完善的国家国有资本的价格策略可以对收入再分配发挥积极作用；而 Chen（2006）则持反对意见，他认为国有资本不仅不能调节收入分配，反而还会加剧收入分配差距。

Ramamurti（1999）从国有资本的制度替代效应出发，论述了国有资本可以弥补市场发育不全所造成的资源浪费和资源配置效率低下等问题。

D. Andrew 和 J. Trebilcock（2001）则对国有资本的经济调节与经济周期烫平作用进行了论述，并指出当货币和产品市场的短期有效需求与供给不平衡引发经济结构失衡、通货膨胀和失业等问题时，可以通过国有资本在基础设施和基础产业领域的投资以及对自然垄断产业的规制来解决。

本拉多（Bernardo，2005）则以经济危机为背景分析了国有资本的作用，并指出在特殊时期（如经济危机）政府进行国有资本投入和建立国有企业实际上起到了稳定经济和金融的作用，同时也挽救了危机中濒临倒闭的私人企业和金融机构。

在国有资本对经济增长的促进作用方面，安格拉和汤姆斯（Agell & Thomas，1996）以及龙迪内利和雅克诺（Rondinelli & Iacono，1996）分别从公共产权和公共部门支出的角度论述了国有资本的技术溢出效应，并分别通过对第二次世界大战后的亚洲、非洲和拉丁美洲以及 OECD（经济合作与发展组织）国家的考察得出了政府国有资本投资对经济增长具有巨大促进作用的结论。Sumit（1998）通过对中国经济和中国国有企业的实证考察得出了相同的结论。

泰勒和艾伦（Taylor & Allan, 1998）通过对加拿大国有企业的研究，提出国有资本的技术溢出会促进高新技术向其他经济部门推广，从而拉动国家经济增长，并且还能推动本国支柱产业的发展与国际竞争力的增强。

Benardo（2005）通过对第二次世界大战后意大利国民经济发展与产业恢复的考察，提出国有资本投资与国有企业发展是第二次世界大战后意大利经济高速增长的主要动力。

郭复初和王庆成（2000）从我国经济制度的基本性质出发，指出了国有经济和国有资本在国民经济中的关键作用：通过马克思关于生产力决定生产关系的科学原理推导出了国有资本的导向作用；并从市场竞争与市场失灵的角度论证了国有资本宏观调控在国民经济稳定与发展中的重要作用；此外，通过对全球化条件下的跨国竞争的透视，指出国有资本在国际竞争与国家竞争中举足轻重的作用。

金碚（2001）从社会目标、产业分布、社会责任以及国有企业与公共政策的可替代性等方面入手，阐述了国有企业（国有资本的载体）是特殊企业，具有特殊功能，应从历史和发展的角度来看待国有企业，并认为在经济发展的不同阶段国有企业会发挥不同作用，它在国民经济和社会生活中的地位也会不尽相同。

高明华等（2008）从实证研究的角度出发，提出了国有企业作用评价指标体系，并以北京市国有企业为案例，从经济作用和社会作用的角度入手，评价了国有企业的作用及地位。

此外，还有研究者从社会化大生产、政治均衡以及其他角度探讨了国有资本的作用与职能。例如：罗格·罗恩（Roger Noll, 2000）从国家安全的角度对国有资本与国有经济进行了研究，并认为经济增长并非国家的唯一目标，当外国资本过度进入本国经济领域并掌握和控制大部分国家资源时，国有资本投资与国有化是实现政治均衡与国家安全的重要手段；而谷书堂（2001）、张维达（2003）和蒋学模（2004）则从资本主义的社会化大生产与私有制之间的本质矛盾出发，强调了国有资本与国有经济的重要意义；宗寒（2002）以社会化大生产为起点，论述了国有经济与国有资本发展的必然性，并指出市场经济越发达，社会化程度就越高，国家对经济的宏观调控就越重要，国有资本的作用也就越不可或缺；吴敬琏（2003）和钱津（2005）则从我国社会主义制度的本质特征和经济社会转型的特殊需求出发，阐述了国有资本和国有经济在我国国民经济中的重要作用与地位，并指出国有资本与国有经济是我国社会主义国家性质的根本保证。

0.3.1.2 国有资本垄断

说到垄断，可能绝大多数人首先想到的就是"效率低下"，甚至还有人就会干脆直接将两者画上等号。其实，垄断与效率是两个完全不同的问题，垄断与效率低下也并不必然相关，而大多数人之所以会有这种"先入为主"的误解，主要是犯了一种经验主义的错误，或是受到了一种所谓的新自由主义经济思想的误导，这一点在国有资本垄断问题上则体现得更为明显①。无论是国有资本的自然垄断还是国家出于经济或政治抑或其他方面的考虑所导致的垄断，一直是一个敏感而充满争议的问题。对于这个问题的争论的激烈程度丝毫不亚于国有资本效率问题所引起的论战。

一般来说，有关国有资本垄断问题的研究大多都是以自然垄断为研究起点，然后通过不同路径的推演和论述得出各自不同的结论。笼统来说，这些研究要么持肯定的态度，要么持否定的态度。肯定态度的持有者（Clarkson，1982；Sharkey，1982；Toshihiro，1996；Stigler，1998；Bernardo，2005）主要论述了国有资本自然垄断的优势：首先，国有资本自然垄断所节约的社会成本将通过国有企业（或国有资本其他载体）转移给全社会；其次，国有企业自然垄断所实行的高价政策的收益会转化为政府财政收入，而政府可以通过财政支出给全社会带来福利，从而弥补垄断高价造成的消费者剩余的损失。而否定态度的持有者（Friedland，1962；Averch & Johnson，1962）则从垄断定价、消

---

① 我们无意为垄断辩护，并且也承认垄断确实会在一定范围和一定程度上造成经济效率低下，但这并不意味着两者之间存在着必然的联系。将某种论断毫无依据地进行由点到面的推广甚至无限地覆盖所有领域，要么是经验主义在从中作梗，要么是受到了某种蛊惑。至于国有资本垄断，首先要承认它确实在某些行业和领域造成了一定程度的效率低下和对消费者效用的损害（这可能也是国有企业改革的初衷），但这个结论并不能无限推广。国有资本在重要行业和关键领域的垄断以及在某些行业所形成的自然垄断，其效率也并不比私人资本低，正如私人资本并非天生高效率一样，国有资本也并非天生就低效率。最后，我们强调，武断地臆测国有资本垄断与低效率之间的所谓的"必然联系"，并最终推导出国有资本应全面退出国民经济领域的妄论，实际上隐藏着巨大的风险：倘若国有资本在国民经济中全面退出，则必然会伴随着私人资本、国际资本甚至投机资本的全面进入与垄断，国家经济命脉一旦脱离国家控制的范围而落入私人资本和国际资本之手，其后果必然是家族寡头与权贵资本主义的泛滥以及国际（投机）资本的肆意妄为。

费者剩余、社会净福利、垄断规制和国有化等方面论述了垄断对社会效率与公平竞争的损害。

经济学家克拉克森（Clarkson，1982）从技术经济学的角度分析了自然垄断的基本特征，并指出具有自然垄断特征的生产函数一般都呈现规模效益递增的趋势。也就是说，随着生产规模的增大，单位生产成本呈逐渐下降趋势，因此从整体效果来看，在某一生产领域由一个和几个大企业进行生产要比很多家小企业同时生产更具有生产效率；其他经济学家（Sharkey & baumol，1982）也得出了相同的结论，并指出成本函数所具有的弱增性是自然垄断最基本的特征。当然，这些结论并非强调一味地垄断，在分析了垄断在生产领域的优势后，也指出了垄断结构的固有弊端，因此也强调了国家干预以及对垄断进行相应规制和监管的必要性和意义。

Toshihiro（1996）在分析了国有资本垄断市场结构条件下的社会福利问题后发现当某一行业自然垄断程度很高时，国有资本的进入不仅有助于资源配置效率的提高，还会提高全社会的福利。

斯蒂格勒（Stigler，1998）通过对自然垄断行业的分析指出了国有资本自然垄断有助于政府实施产业控制并通过产业影响力对供给价格进行有效调控；同时他也指出国有资本应仅限于自然垄断行业，而完全竞争性行业的投资则可由私人资本来完成。

陈甫军和晏宗新（2002）将垄断规制与国有资本纳入统一的研究框架，并以转型时期中国经济的基本特征为出发点，通过成本效益的比较分析，提出在一段较长时期内国有资本的自然垄断仍是较优选择，但从长期改革方向来看，分拆自然垄断行业的国有企业和引入竞争机制是解决经济效率较低的问题的关键。

谢地（2007）在对自然垄断的问题、特点以及后果进行经济学分析的基础上，系统论述了国有资本在自然垄断行业存在和发展的依据，并通过对发达国家自然垄断行业国有资本的存在情况所进行的研究，发现在绝大多数发达国家的自然垄断行业的国有资本都占据了优势地位。他通过对城市自来水、煤气、航空和铁路等自然垄断行业的考察和研究，发现国有资本这些行业具有明显的不可替代性、规模效应和关联经济特征，并通过对这些行业的现状和问题的调查，提出了相应的改革建议，同时也强调了政府规制和市场化改革对自然垄断行业国有资本的积极意义。

对垄断或国有资本垄断持反对态度的学者也分别从不同的角度提出了自己

的看法。经济学家 Friedland（1962）从垄断定价的角度论述了垄断给消费者剩余带来的损失以及由此所导致的净社会福利的浪费，并在对垄断与管制之间的相互关系进行研究后发现自然垄断行业的管制并不能有效地限制企业垄断定价行为。Averch 和 Johnson（1962）通过经济学模型推导证实了收益率管制条件下的厂商利润最大化行为会导致过度资本化和激励机制被削弱效应，以及由此所引发的效率低下现象。而且通过彻底的垄断管制形式（国有化）的研究，Averch 和 Johnson 发现国有化剩余索取权的制度安排会使绝大部分国有企业因缺乏积极的利润动机的激励而产生生产效率的低下。Crew 和 Kleindorfer（1986）、Law（1993）、Mayer 和 Vichers（1996）等也分别从古典经济学和新制度经济学的角度探讨了垄断所带来的低效率问题，也得出了类似的结论。

宋则（1999）认为垄断的巨大危害在于各种排他性控制和对竞争对手进入的限制以及人为制造的"卖方市场"会损害公平竞争和消费者权益，并阻碍技术进步、降低经济效率。他认为，中国式的国有资本垄断缺乏从公平竞争衍生为自然垄断的普遍基础，违反了经济学中的经济规模集中原理，而造成这种情况的唯一合理解释就是行政性垄断。最后，他从与国际接轨和加入 WTO 的要求出发提出了相应建议。

肖兴志（2001）从国有企业改革过程中出现的明显的非均衡性入手，对自然垄断行业国有企业改革过程中所谓的"引入竞争机制"进行可行性与合意性的博弈分析，提出国有资本自然垄断现象的存在使政府陷入了企业利益与社会福利取舍的两难困境，国有资本垄断有可能导致价格歧视与寻租等有损于社会资源配置效率和消费者利益的现象。他认为，国有企业并非传统报酬率规制的最佳替代方式，而激励性规制有可能是垄断国有企业改革的基本方向，他在对英国国有企业改革和私有化效果进行论述的基础上提出了引入民营资本和国外资本的建议。

喻立新和孙有平等（2004）在对自然垄断规制进行理论阐述的基础上提出国有资本自然垄断会导致政企不分的弊端以及由此而产生的低效问题，并提出对垄断部门进行分割和重组以及实行竞争和自由化的建议。

0.3.1.3　国有资本效率

国有企业为国有资本的主要载体，故有关国有资本效率的争论主要是从国有企业是否具有效率的角度展开的，主要观点大致可分为三种。第一种观点是以 Kornai（1988）、Woo（1994）、Majumdar（1996）、Jefferson 和 Rawski（1996）、Sachs（1997）、Dermsetz（1999）、Perkins（1999）、Karpoff（2001）、

Malatesta（2001）以及樊纲（1996）、张维迎（1995，1996，2001）等人为代表的"非效率论者"以产权理论和委托代理理论为基础，从国有企业产值占GDP比重、国有企业财务指标、全要素生产率（TFP）等方面，提出国有企业是"非效率"的，即非国有企业对资源配置的效率高于国有企业。由此，他们提出中国经济的出路就在于国有资本必须让位于私人资本，即进行私有化。第二种观点是以 Kay 和 Thompson（1986）、Laffont 和 Tirole（1991）、Nauton（1992）、Colin（1994）、Olive 和 Michael（1997）、林毅夫（1996）、郑玉歆（1996）、邢俊玲（1999）、齐艺莹（2005）等人为代表的"效率论者"从中国与其他转型国家宏观经济状况、国有企业与非国有企业的效率等方面进行研究，提出国有企业相对于非国有企业是有效率的，而目前国有企业呈现出低效率的局面是缺乏有效竞争的结果，所以提高国有企业效率的关键是要创造一个公平的竞争环境。第三种观点是以世界银行（World Bank，1995）、和田义雄（Yoshio Wada，1998）、李培林（1999）和刘元春（2001）等人为代表提出的国有企业"效率悖论"，他们认为从微观财务角度来看国有企业的经营状况不断恶化，是无效率的，但从全要素生产率来看，却一直处于正增长状态，是有效率的；从微观竞争来看是没有效率的，但从宏观社会经济影响来看是有效率的；从生存竞争指标来看是无效率的，但从宏观资源配置效率来看是有效率的。造成"效率悖论"的主要原因在于国有企业在后赶超时代和转型时期充当了社会福利提供者、宏观经济稳定器以及市场失灵和政府失灵协调者的角色。

Kornai（1988）首先从经济学的视角对国有经济激励变异进行了分析，并对公共产权进行了系统的批评，然后从预算软约束的角度分析了政府难以对国有企业进行财务约束的缘由，最后得出了国有资本的非效率论断。

Dermsetz（1999）从市场化和市场规模的角度入手，分析了国有资本高昂的监督成本和控制成本所导致的社会效率的损失，指出解决国有资本效率低下问题的主要途径就是通过激励个人来增加社会财富，即通过国有资本的私有化来提高社会效率；Simeon（1999）、Nakagana（2000）、Calin（2000）通过对国有资本比重与市场化程度等关键指标的实证研究也得出了类似的结论，并指出随着市场化程度的逐步提高，国有资本的退出是私有化演变的必然途径。樊纲（1994，1996）、张维迎（1995，1996，2001）、周叔莲（1997）、贺阳（1997）和魏杰（2001）等从产权理论的角度也支持了上述观点。

实际上，国有资本"非效率论"的理论渊源是西方传统的自由化世界观，是古典经济学思想的现代回归。这种自由化的经济思想主张市场效率的损失是由政府干预所造成的，而国有资本只是政府干预的重要手段。换言之，这种分析的起点实际上是政府职能与市场竞争之间的相互关系（郝书辰、蒋震，2010）。相对于国有资本"非效率论"者的论断，大量学者也从不同的角度提出了质疑，并指出国有资本在提高社会制度效率、维护社会契约、改善组织绩效与构建社会公平方面具有私人资本所不具备的独特优势。如 Kay 和 Thompson（1986）通过对英国私有化绩效的考察发现私有化改革后英国社会福利水平不仅没有提高反而有显著的下降趋势，这一点对于大部分企业职员来说体现得尤为明显；斯蒂格利茨（Stiglitz，1989）从全社会成本和全社会收益的角度对国有产权与私有产权进行了研究，发现从全社会成本来看私人资本成本要明显高于国有资本；Atkinson 和 Halvorson（1986）、Caves（1990）、Laffont 和 Tirole（1991）、Colin（1994）、Nauton（1992）等也从各自的角度得出了积极的支持性结论。

Laffont 和 Tirole（1991）研究了委托代理理论框架下的国有资本与私有资本成本动因，发现前者的成本主要源于经常性的非利润目标所导致的过度投资，而后者的成本动因主要来自企业治理成本，但是在引入政府效用函数后，前者的经济效率较后者有了显著性提高。

Colin（1994）则从收入再分配和社会福利的角度研究了国有资本与私人资本的效率问题。他认为，在社会福利与公共财政体制并不完善的条件下国有资本较私人资本而言有更高的社会福利效率，但是随着制度的不断完善和对私人资本规制的社会福利的逐步提高，国有资本可以适时退出市场。Olive 和 Michael（1997）也支持 Colin（1994）的观点，认为在市场经济制度并未完全建立时私人资本所具有的社会契约破坏动机会损害社会效率，而国有资本的进入会缓解这种社会效率损害所带来的负面影响，此时国有资本不应退出市场，但是当社会制度完善后国有资本可以选择退出。

齐艺莹（2005）在对国有资本形成和发展进行评析的基础上着重从理论分析的角度探讨了国有资本，然后就国有资本效率问题进行了系统研究，并指出：在考察国有资本效率时不仅应考察其微观效率，还应考察其宏观效率；既要考察内部效率，又要考察外延效率；既要考察经济效率，又要考察社会效率。

此外，石涛（2008）在对国有企业改革历程进行评述与回顾、对国有企业进行功能分类的基础上，对国有企业的"功能悖论"进行了分析，提出国有企业的终极形态有两大类：具有高度社会职能的国有企业将转化为公共产品，而传统的具有自然垄断特征的国有企业将演化为竞争性国有企业。

通过对已有文献所做的整理与回顾，我们认为，这些研究可能存在如下局限：

（1）对国有资本的存在依据的研究大部分都是从弥补市场失灵的角度入手，而很少从社会化大生产与社会主义政权基础等方面进行论证。

（2）对国有资本的作用的研究常常局限于企业微观个体的角度，而很少从国有经济的整体角度去研究。

（3）对国有资本投资的评价偏重于从直接经济指标的角度进行讨论，而忽视了其他非经济效益指标（如社会效益），未将其纳入评价体系。

（4）对国有资本在国际竞争与金融危机中的作用以及国有资本投资对私人资本的影响等方面缺乏系统研究。

正是以上局限的存在，使得国有资本投资（尤其是特定行业的垄断性国有资本投资）饱受诟病，左右为难。在理论上产生了诸多质疑：国有资本是否真的效率低下，没有竞争力？国有资本投资是否发挥了其应有的作用，其地位如何，有没有一个科学合理的评价体系？本书正是要系统全面地回答这些问题，并且将结合国有企业改革的特殊历史背景来探讨国有资本投资对中国经济增长和社会发展的作用与影响，构建科学合理的国有资本投资综合效益评价体系。

0.3.2 政策性文献综述[①]

1979 年 7 月，国务院颁布了《关于扩大国营工业企业经营管理自主权的若干规定》和《关于国营企业实行利润留成的规定》等相关文件，迈出了国有企业改革的第一步，同时也引出了一个旷日持久、争论不息的话题；而同年 7 月国务院颁布的《关于国营工业企业实行流动资金全额信贷的暂行规定》则可以认为是改革开放初期国家出台的有关国有资本出资与使用的最早的相关政策性文献[②]。

---

① 研究国有资本相关问题，会不可避免地涉及许多政策法规。因此，我们在文献综述部分专门对相关政策性文献进行了一个简要的回顾。

② 曾经很长一段时间，我国理论界普遍认为"资本"不属于社会主义范畴，而使用"资金"概念，更不存在"国有资本"概念，所以早期的文件使用的几乎都是"资金"概念。直到1993 年，党的十四届三中全会通过了《中共中央关于建立社会主义市场经济体制若干问题的决定》，该决定首次使用"资本"概念。随后，1997 年 7 月国家体改委在《关于城市国有资本营运体制改革试点的指导意见》（体改生〔1997〕14 号）中首次使用"国有资本"概念。

1983 年 6 月和 1984 年 9 月国务院分别批转财政部《关于国营企业利改税试行办法》（国发〔1983〕75 号）和《国营企业第二步利改税试行办法》（国发〔1984〕124 号），迈出了国有企业利税分流改革的新步伐。

1990 年 7 月与 1991 年 11 月国务院分别颁布了《关于加强国有资产管理工作的通知》（国发〔1990〕38 号）和《国有资产评估管理办法》（中华人民共和国国务院令第 91 号），表明国家对国有企业的管理由日常经营性管理向资产性管理转化。

1993 年 11 月，党的十四届三中全会通过了《中共中央关于建立社会主义市场经济体制若干问题的决定》，明确提出了国家宏观调控对资源配置的基础性作用，并指明了国有企业改革的方向是建立产权清晰、权责明确、政企分开、管理科学的现代企业制度，将国有企业产权改革推到争论的潮头浪尖；同年 12 月，第八届全国人大常委会第五次会议通过的《中华人民共和国公司法》为国有资本的公司化经营提供了法律依据。

1997 年 7 月，国家体改委在《关于城市国有资本营运体制改革试点的指导意见》（体改生〔1997〕121 号）中，明确界定了国有资本概念，为国有资本的市场化管理提供了政策性依据；随后，2001 年 4 月，财政部颁布《企业国有资本与财务管理暂行办法》，进一步明确了国有资本的概念和范围，这标志着国家对国有资产管理方式的转变，即由资产管理向资本管理转变。

2003 年 3 月，第十届全国人民代表大会第一次会议批准了《国务院机构改革方案》和《国务院关于机构设置的通知》（国发〔2003〕8 号），国务院国有资产监督管理委员会（简称"国资委"）成立，代表国家拥有国有资本所有权和收益权，这标志着新的国有资本监管体系的全面建立。同年 10 月，党的十六届三中全会审议通过了《中共中央关于完善社会主义市场经济体制若干问题的决定》（以下简称《决定》）。《决定》指出，国有企业的增量改革带来了社会主义市场经济所有制结构的深刻变化，有效地改变了国有经济"一统天下"的局面，初步形成了以公有经济为主体、多种所有制经济共同发展的格局。

2004 年 8 月，国资委下文《企业国有资本保值增值结果确认暂行办法》（国务院国资委令第 9 号）和《关于企业国有产权转让有关问题的通知》（国资发产权〔2004〕268 号），标志着国有资本经营绩效与投资效率考核体系的明确，以及国有资本产权转让的退出机制的形成。

2005 年 4 月，中国证券监督管理委员会（简称"证监会"）下发的《关于上市公司股权分置改革试点有关问题的通知》（证监发〔2005〕32 号）以及证监会和国资委联合下文的《关于做好股权分置改革试点工作的意见》，拉开了国有资本股权分置改革的帷幕。

2006 年 12 月，国务院办公厅转发国资委《关于推进国有资本调整和国有企业重组的指导意见》（国办发〔2006〕97 号），明确了"实行国有资本调整和国有企业重组，完善国有资本有进有退、合理流动的机制，是经济体制改革的一项重大任务"，并提出要"大力发展国有资本、集体资本和非公有资本等参股的混合所有制经济，实现主体多元化，使股份制成为公有制的主要实现形式"。

2007 年，党的十七大明确提出："坚持和完善公有制为主体、多种所有制经济共同发展的基本经济制度，毫不动摇地巩固和发展公有制经济，毫不动摇地鼓励、支持、引导非公有制经济发展，坚持平等保护物权，形成各种所有制经济平等竞争、相互促进新格局。深化国有企业公司制股份制改革，健全现代企业制度，优化国有经济布局和结构，增强国有经济活力、控制力、影响力。深化垄断行业改革，引入竞争机制，加强政府监管和社会监督。"

2008 年 10 月，第十一届全国人大常委会第五次会议审议通过了《中华人民共和国企业国有资产法》（以下简称《企业国有资产法》），并开宗明义地规定了国有资本的法律地位：维护国家基本经济制度，巩固和发展国有经济，发挥国有经济在国民经济中的主导作用，促进社会主义市场经济发展。这表明国家开始实施国有资本管理的法律化、制度化，为国有资本经营、管理与监督提供了法律依据。

2013 年 11 月 12 日，党的十八届三中全会通过了《中共中央关于全面深化改革若干重大问题的决定》，提出要通过继续深化改革，积极发展混合所有制经济。自该决定公布以来，国家陆续出台了《关于进一步优化企业兼并重组市场环境的意见》《关于深化国有企业改革的指导意见》《关于国有企业发展混合所有制经济的意见》《关于鼓励和规范国有企业投资项目引入非国有资本的指导意见》等一系列配套文件，并形成了"1+N"系列指导文件。这些文件的出台和颁布，标志着国有企业改革顶层设计的基本完成，为分类分层推进国有企业混改指明了方向，提供了可供参考的政策依据。2013 年以来，中央企业推进的混改事项达 4 000 项，引进各类社会资本超过 1.5 万亿元。按照统计口径，混改企业户数超过中央企业法人单位的 70%。

为进一步推动国有企业混改，推进国有经济布局优化和结构调整，2020年 6 月 30 日，中央全面深化改革委员会第十四次会议审议通过了《国企改革三年行动方案（2020—2022 年）》。此次会议明确，此后三年是国有企业改革的关键阶段，2020 年是国有企业改革三年行动启动之年，国有企业混改、重组整合等都将进入快速推进、实质进展的新阶段；此次会议还要求把近年来"1+N"的改革政策进一步落地落实，没有落实到位的，要明确时间表、路线图，要在三年行动里加快落实落地。

0.4 研究思路、基本架构与主要研究内容

0.4.1 研究思路与基本架构

本书的研究思路与基本架构是：第一，在导论部分对研究背景、研究目的与意义以及相关文献综述等进行了初步论述，对本书的基本架构进行总体性的设计；第二，对国有资本范畴进行了详细的理论分析和历史考察，并对影响国有资本投资效益的相关因素进行了探讨与研究，系统地对相关理论成果进行了梳理与评述，并在此基础上将国有资本投资与所处历史时代联系，使本书的分析更具时代意义和前瞻性；第三，在理论分析框架的基础上，对国有资本投资的后果进行了相关经济学分析和实证检验，并得出了一些政策性启示；第四，充分运用理论分析框架的成果，从国有资本的特殊属性（社会职能）出发，秉承"以人为本"的精神，创建了国有资本投资效益的新的评价指标体系；第五，结合理论分析成果和实证研究的经验数据，给出了相关政策性建议。本书的研究思路与基本架构请见图 0-1。

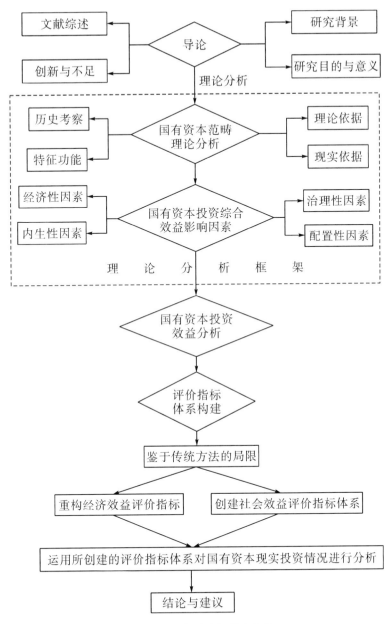

图 0-1　研究思路与基本架构

0.4.2 研究内容

（1）从社会化大生产与社会主义政权基础等方面入手，对我国国有资本存在的理论依据和现实意义进行探讨，从而明确国有资本在社会主义市场经济中的地位和作用。

（2）关注中国经济和社会发展的历史进程，并结合金融危机研究国有资本对中国经济和社会的作用，从而在实践上论证国有资本对我国社会主义市场经济的作用与贡献。

（3）以国有企业改革的制度沿革，探讨国有资本制度变迁中产生的各种理论问题，并结合中国具体国情对这些理论问题进行客观公正的回答，为国有企业和国有资本改革的进一步深化提供理论依据。

（4）针对目前绝大多数研究都是从国有资本经济效率的角度来评价国有资本的现状，从资本的一般属性出发，在充分考虑直接经济效益的基础上，将国有资本的社会属性纳入研究框架，提出了国有资本投资综合效益评价方法与指标体系。

（5）在以上研究基础上得出了主要结论和相关政策建议，为国有企业改革和社会主义市场经济体制改革提供依据。

0.5　重点难点、研究创新与不足

0.5.1　重点难点

（1）一方面，国有资本往往因其规模庞大和在特定行业的垄断地位而备受指责和批评（因为习惯上人们总是认为垄断必然低效）；另一方面，当国有资本经济效益普遍利好之时，"于民争利""国进民退"的质疑又接踵而至。如何客观公正地评价国有资本以及其效益（而非单纯的经济效益）问题是一个两难的抉择。因此，立足中国国情，全面考察国有资本的一般属性和特殊属性，并对其在社会主义市场经济中的作用和地位做出科学合理、客观公正的评价，以及从理论到实践、从历史到现实的角度去对其进行深入分析和研究，是一个庞大的系统工程。

（2）在国有企业改革过程中以及中国经济和社会发展的进程中，出现了一些重大的理论问题（如国有资本效率高低与否以及是否应对国有资本全盘私有化等），这些问题直接关系我国经济体制改革和经济发展的方向。因此，如何以马克思主义经济理论为指导，并借鉴西方经典经济理论，以一种新的研究视角来对这些理论问题进行系统合理且具有较强说服力的回答并非易事，但这些问题又是我们研究国有资本和中国经济问题所必须予以明确回答的。

（3）既然我们打算从国有资本投资综合效益这一全新的角度来展开研究，那么如何构建国有资本投资综合效益的评价方法和指标体系，也就成了本书的重点与难点。鉴于已有研究大多从经济效率的角度对国有资本进行考察的局限，我们将视角拓展到了综合效益（经济效益与社会效益）层面，而对国有资本投资的社会效益的评价与考察将是一个开拓性工作；我们还打算对已有的国有资本投资经济效益评价指标体系进行改进，这也将是一个充满挑战的工作。

（4）在中国经济和社会发展的进程中去考察国有资本投资效益，并全面系统地论述国有资本在我国社会主义市场经济中的作用与地位，时间跨度之长、牵涉面之广，无疑也将会增加研究的难度。

（5）由于研究视角是全新的，参考资料比较匮乏，这也是我们研究过程中遇到的难题；国有资本投资的相关数据的缺失和难以获取，也增加了数据收集、整理和处理的难度。

0.5.2　研究创新

第一，全新的研究视角。正如我们所强调的那样，大部分已有研究成果都是从国有资本的经济效益出发，将国有资本作为一般资本对待，并未充分考虑国有资本特殊属性在中国经济社会转型时期所发挥的巨大的非经济性效益（如社会效益），也没有对社会主义市场经济体制这种特殊的制度安排在新的经济社会环境中的独特性和合理性进行应有的考量，更未将研究还原到特定的历史和时代背景中，这抹杀了国有资本在中国特色社会主义市场经济体制改革与探索阶段的特殊贡献。鉴于此，我们跳出了已有研究成果的固有模式，将国有资本置于广阔的历史时代背景，并结合中国经济体制改革、社会转型和后赶超战略实施的特定的宏观环境，从经济效益和社会效益两个方面入手，对国有资本投资综合效益进行了具有中国特色和时代特征的分析与论证。此外，我们还将国有企业改革和金融危机纳入了统一的分析框架，从理论和实践、历史和现实的角度对国有资本的作用与功能进行了系统的研究与分析，并全面揭示了国有资本在战胜金融危机过程中的重大贡献，以及国有资本的宏观调控功能、对转型时期国家控制经济制度与社会体制变革进程的特殊作用。

第二，理论分析上的尝试与探索。在本书理论分析框架中，我们对资本和国有资本以及相关范畴进行了详细的理论分析：沿着马克思资本观所提供的"资本的社会关系"线索，在批判地吸收西方经济理论对资本的研究成果的基础上，结合我国社会主义市场经济对资本范畴的认知变迁过程，重新界定了资本范畴及其相关概念，并就资本范畴的新的发展状况进行了一定程度的探讨；在此基础上，又对国有资本存在与发展的理论依据和现实意义进行了新的分析，尤其是在从社会化大生产角度进行的理论探讨中，尝试性地提出了国有资本的"市场指挥者"职能。此外，围绕国有资本双重属性及其双重属性的矛盾统一，我们也进行了相关分析与论述。

第三，研究方法上的创新。这主要体现在以下三个方面：①在理论框架分析部分，广泛地借鉴了经济学分析方法。例如，在对国有资本保值增值与履行社会职能（国有资本的双重属性）进行分析时，通过经济学分析方法确定了国有资本保值增值点和国有资本过度承担社会职能造成的政策性亏损区域，并对国有资本双重属性的矛盾统一进行了相关经济学分析。在对社会总生产良性循环条件下的客观需求进行分析时，则采用了宏观经济学总生产与总供给曲线分析方法。此外，还采用了微观经济学的效用分析工具对国有资本投资的最优规模进行了相关探讨。经济学分析工具的确为我们的研究带来了诸多方便，也很好地解释了许多实际现象和问题。②在指标体系创建部分，在利用索洛剩余估计国有资本的外溢经济效益时，我们并未直接根据索洛模型的变形式进行估算，而是提出了以环比增长率替代常用的同比增长率。③为抵消技术进步对产出增长的影响，我们还提出了索洛剩余的差值计算法，该方法的运用极大地减少了原本十分庞大的计算量。

第四，指标创建上的人文关怀。我们发现，基于理性经济人假设进行的各种经济研究，大部分都是为"经济"而"经济"，将"人"作为与资本、技术等物质性要素对应的生产要素，无视"人"作为经济活动的参与主体所发挥的主观能动性以及人自身的基本需求（衣食住行等）。我们始终坚持认为，无论经济增长还是社会发展，归根结底都是"人"自身创造的，并将最终回到"人"的发展与进步上来。因此，在创建国有资本投资综合效益评价指标体系时，我们立足于"人"的基本需求，秉承"以人为本"的精神，全方位、多维度地构建了国有资本投资效益评价指标体系。

0.5.3　不足之处

虽然我们尝试从一种新的研究视角来对国有资本投资综合效益进行全面系

统的研究，但是不可否认，新的尝试与探索本身就会不可避免地产生许多不足与缺憾；同时，由于我们的结构性知识匮乏以及关注视角的相对狭窄，可能会使研究存在诸多局限。

（1）研究方法的非完美性。正如前文所述，我们在研究方法上进行了很多探索性的尝试（尤其是在理论框架分析部分，我们大量借鉴了经济学分析方法），但是这些方法本身的非完美性可能会对我们的研究产生一些不利影响。如在以索洛剩余度量外溢经济效益时，我们仅从技术进步和资本投资的外溢效应两个方面进行了分析，根本无法穷尽该指标所包含的其他方面的因素，这同样也会在一定程度上使我们的研究结果产生偏差。

（2）指标创建的非完备性。我们创建了一个全新的国有资本投资综合效益评价指标体系，并分别从经济效益和社会效益两个方面入手构建了这些指标（只选取了 10 个主要计量指标），但也无法穷尽所有的指标来构建一个绝对完备的体系。

（3）相关数据的匮乏。我们构建的国有资本投资综合效益评价体系有别于目前的国有资本经营业绩评价体系，和现有的统计口径也不匹配，在客观上造成了研究过程中相关数据的缺失以及原始资料的匮乏，而这必然会对我们的研究结论产生一定的影响。

1 国有资本的历史考察、理论探讨与现实分析

1.1 关键概念界定

1.1.1 资本范畴的历史考察

在卷帙浩繁的经济学著述中，有关资本的论述可追溯至古典经济学鼻祖亚当·斯密[①]（A. Smith，1776）。他认为，资本是社会财富中某个特定的部分，是看得见摸得着的物质实体。按照亚当·斯密提出的资本的物质线索，其他早期的经济学家将资本、劳动与技术作为重要的生产要素，研究其对经济增长[②]的作用。但是这种物化的研究视角似乎并不能完美地解释资本的现实特征[③]，直到1867年马克思的《资本论》问世，才揭示了长期以来掩盖在物化资本神秘面纱之下的社会关系，"资本不是一种物，而是一种以物为媒介的人与人之

[①] 资本（Capital，源于拉丁文"Caput"）最早属于经济学的研究范围。亚当·斯密在其著作《国民财富的性质和原因的研究》（商务印书馆，1972年）中对资本进行了最早的论述，涉及资本利润获取、资本积累和资本用途等，并将资本作为与劳动相对应的生产要素之一，后来的经济学家（Ramsey，1927；Cass，1965；Rommer，1986；Lucas，1988）在此基础上又将技术和知识作为经济增长的内生变量纳入统一的研究框架。

[②] 自亚当·斯密的《国民财富的性质和原因的研究》问世以来，从托马斯·马尔萨斯（Thomas Malthus，1798）到大卫·李嘉图（D. Ricardo，1817），再到约瑟夫·熊彼特（Joseph Schumpeler，1934）和凯恩斯（Keynes，1936），无论古典经济学派还是凯恩斯学派抑或其他流派，经济增长成了经济学家们难以割舍的研究领域。

[③] 如在资本主义社会，资本为其所有者（资本家）提供了占有剩余价值的机会，而与资本共同作为生产要素的劳动，却只能为其所有者（工人）带来微薄的工资。也就是说，资本可以占有剩余收益而劳动却不能，这无法解释同为物化的生产要素之间的巨大的现实差异。

间的社会关系"①;"资本是一种社会关系,是一种历史的生产关系"②。马克思摒弃了西方主流经济学家对资本物化的研究视角,而通过对资本的社会关系的考察,科学地论证了资本的社会关系本质,为后来的研究者开辟了一个新的研究思路。

1.1.1.1 西方经济理论中关于资本范畴的论述

西方经济理论对于资本范畴的研究经历了一个从"贷款本金"(或"生息金额")到"预储资财"③的认识过程。根据庞巴维克的考证,资本最初是用以表示"贷款本金"或"生息金额"的概念④。这是因为在真正意义上的商品生产和商品交换发展起来之前,人们只能看到资本作为"本金"使用权的转让所获得的"生息"。也就是说,人们最初关注的总是事物之间表面的联系,以及从表面联系得到的结论,而无法从更广阔的视野和更深的层次来认识事物之间的联系(耿明斋、李燕燕,2003)。然而,作为"贷款本金"或"生息金额"的资本本身是不具备生息功能的,产生利息的真正本钱(或称之为"原本")不是作为货币形态的"贷款本金",而是以货币交换形式所提供的"资财"。人们对资本从"贷款本金"到"预储资财"的认识的转变符合商品社会的发展历程,也与人类认知的逻辑顺序相一致。

更为重要的是,将资本范畴的界定从"贷款本金"向"预储资财"的转变,一方面将资本范畴的考察重点由表面现象的货币增值转向了资本增值的物质财富本身,体现了资本的物化本质;另一方面,有利于从"资财"划分的角度体现资本追求利润的原始动机⑤。对资本范畴的认识的进一步深化是资本"预储资财"概念中"可以给其所有者带来一笔收入"的那个部分。也就是说,对资本范畴的认识中加入了"资本所有者"的因素,这实际上已在资本范

---

① 卡尔·马克思:《资本论》第1卷,人民出版社,1975年,第834页。

② 卡尔·马克思:《雇佣劳动与资本》(发表于1849年4月7日的《新莱茵报》第266号),载于卡尔·马克思《资本论》第1卷,人民出版社,1975年,第834-835页。

③ 亚当·斯密最早将资本界定为用于生产以获得收入的"预储资财",即用于生产并获取利润的生产资料;他最先阐述了支持资本增值的物质基础,并提出了"生产资本"的概念。

④ 庞巴维克:《资本实证论》,陈端译,商务印书馆,1981年,第60页。

⑤ 亚当·斯密将"资财"划分为两个部分,即用于取得收入的部分(称为资本)和用于目前消费的部分。而"预储资财"的"预储"性质则意味着剩余,即在考虑目前消费所需之后的剩余。这部分剩余的"资财"会被用于生产、制造或用于改造土地,从而获得利润。当然,古典经济学家将资本界定为"预储资财"以及将"资财"进行划分,或许仅仅只是为了反映资本增值的物质本性,并无探究资本原始动机的初衷。但是,这种划分却在客观上为后来的经济学家从资本动机的角度来考察和界定"资本"概念奠定了理论基础。

畴中包含了资本所有权的限制条件。而这种有意或无意①的对资本所有权的界定，实际上也为日后马克思（1867）对资本范畴的社会关系的考察开辟了一条若隐若现的道路。然而，西方资本理论却并未沿着这条道路发展。在对资本"预储资财"的论述中，古典经济学家甚至还将资本进一步划分为"流动资本"和"固定资本"②，并对两者的关系进行了研究，但没有向前再走一步，去揭示资本物质属性下掩藏的社会关系。

后来，新古典学派的创始人阿尔弗雷德·马歇尔（Alfred Marshall，1890）将资本与收入联系起来进行分析，并认为资本是与劳动和土地相同的生产要素。马歇尔对于资本范畴的论述仍然是从资本的物质属性展开的，他将资本定义为"用于获得货币形态的收入的那一部分"和"那些属于他的权利和由此获得的收入以及在近代金融市场的复杂形态下对资本的一切支配权"③。相对于亚当·斯密，马歇尔对于资本范畴的认识似乎更加接近资本的真相，然而囿于西方经济理论的固有局限，他也最终未能将资本范畴的真相从物的表象中剥离出来。

与马歇尔同一时代的庞巴维克④认为资本是迂回生产过程中的"中间产品"，是"生产手段的集合体"⑤。从资本是"中间产品"说起。这种论述一方面将资本的物质形态真实地还原到了社会生产的链条中，体现了资本的物质作用，避免了将资本等同于获利手段的局限⑥，并且这种界定也成为一系列有

---

① 早期关于资本范畴的研究几乎都是从资本的物质属性入手的，而对资本所有权的探讨几乎没有，最早对资本的社会关系进行考察的研究者当属卡尔·马克思（1867）。因此，我们猜测，将资本"所有者"的因素纳入资本范畴的研究可能只是一种无意识的行为。

② 对这两个概念的最早论述是在亚当·斯密的《国民财富的性质和原因的研究》中"论资财的划分"部分。（亚当·斯密：《国民财富的性质和原因的研究》，商务印书馆，1972年，第254页。）

③ 马歇尔：《经济学原理》上卷，商务印书馆，1983年，第91页。

④ 作为奥地利学派的集大成者，庞巴维克全面发展了资本与利息理论，系统论述了边际效用价值论，并首次将时间因素纳入经济分析以研究时差的价值（利息时差论）。

⑤ 庞巴维克：《资本实证论》，陈端译，商务印书馆，1981年，第62页。

⑥ 对资本范畴的认识，无论是"贷款本金"还是"预储资财"，实际上都将资本看作一种获利手段，只不过前者仅将认识停留在资本生息的货币现象，而后者则将认识深化到了货币现象背后的物质财富增值。然而，无论是货币生息还是物质财富增值，将资本等同于获利手段都是庞巴维克批判的。庞巴维克认为，将资本看作获利手段实际上是将作为"中间产品"（生产手段）的资本范畴淹没在所有剩余财货中，将作为生产手段的资本与作为获利手段的资本混为一谈了。庞巴维克进一步论述，作为生产手段的资本与作为获利手段的资本实际上是两个独立的概念（因为这两个概念会分别指向"作为生产手段集合的国家资本"和"作为获利手段的私人资本"，关于这一点，后文有详述），尽管两者"在表面上极模糊地被联系在了一起"。

关资本范畴的更加抽象的认识的起点①。

从资本的"生产手段的集合体"的论述，我们发现了庞巴维克对于资本范畴认识的连贯性和承接性。实际上，正是以"资本是迂回生产过程中的'中间产品'"的论述为起点，庞巴维克批判了亚当·斯密将"从社会来看的获利手段"与"从私人来看的获利手段"（将作为生产手段的资本与作为获利手段的资本当作同一概念）混淆的谬误。

在批判的过程中，庞巴维克把资本从社会和个人两个方面区分为"国家资本"和"私人资本"。而在这个区分中，他将古典经济学家所谓的"获利手段"（"从私人来看的获利手段"）界定成了"资本的原始概念"，并将这一原始概念以"私人资本"的名义保留在了新的资本范畴中；而"国家资本"这一新名称则"很快发展成了独立的重要概念"，并且这个概念"确实比原始概念本身更为重要了"。

将资本划分为"作为生产手段集合"的国家资本与"作为获利手段"的私人资本是资本范畴的两个截然不同的方面②，前者成为"生产中许多重要问题的中心"，而后者则成为"一个根本不同的利息问题的中心"；前者的重心在生产上，"在于作为生产工具这一特征上"，而后者的重心则在利息上，"在于作为收入来源这一特征上"。实际上，无论是将资本作为迂回生产过程的"中间产品"，还是将资本划分为"国家资本"与"私人资本"，其本质都是将论述的重点指向了资本实物形态中的某些共同点③。或许庞巴维克也并未真正

---

① 将资本区分为"生产手段"与"获利手段"并由此引出的"国家资本"和"私人资本"的划分，"看似一个无关紧要的见解"，但却是"将资本区分为两个独立概念的开端"。庞巴维克进一步指出，"当概念的重心转移到生产关系方面时""国家资本就会被看作一个独立的概念"。之后的西方经济学家以此为起点，对资本范畴进行了更抽象层面的认识。

② 当然，对于国家与国家之间的资本贷款以及由此所产生利息问题，庞巴维克也进行了论述。他认为，这一部分"财货"是不能归结为国家资本的，或者至少不能归结为"作为生产手段集合"的国家资本；相反，这些贷款具有了私人资本的内涵（关于这方面的具体论述，请参看庞巴维克的《资本实证论》，陈端译，商务印书馆，1981年，第60-70页）。也就是说，庞巴维克对资本范畴进行的划分（"国家资本"和"私人资本"）并不是从所有权的角度入手的，而是从"生产手段"与"获利手段"的角度入手的。庞巴维克的划分基础仍然是资本的物质属性，不涉及资本作为生产关系（上层建筑）的所有权问题。这与我们后文所涉及的"国有资本"和"私人资本"是不同的概念，尽管它们之间可能存在某些联系。

③ 庞巴维克在《资本实证论》（1889）中解释了为何要将资本范畴作为"中间产品"进行论述。因为生产有直接生产和迂回生产两种方式，而这两种方式又是完全不同的，这就需要给迂回生产取个名字，于是庞巴维克"把这种迂回生产过程中的'中间产品'集合在了一起，放在资本这一概念下"。正如他自己所言，"作为生产出来的获利手段的财货也就是作为生产出来的生产手段的那些财货"。也就是说，作为生产手段的资本与作为获利手段的资本实质上在实物形态上都是一样的，它们只是对同一事物的不同物质功能（即生产功能与获利功能，庞巴维克又将其称为"狭义的资本"和"广义的资本"）的描述。

跳出西方经济理论的固有缺陷①，无法深入揭示资本物质形态（无论是作为生产资料的"中间产品"还是作为利息来源的"获利手段"）下更具抽象意义的社会生产关系和资本范畴所代表的上层建筑与意识形态。

当然，西方经济理论对资本范畴的认识远不止于此②，如赫尔曼（转引自 H. H. Gossen，1854）将资本定义为"一个具有交换价值的效用的持久基础"；门格尔（Carl Menger，1871）把资本界定为"现在为我们所掌握的而在将来使用的那些更高级的经济财货"；杰文斯（W. Stanley Jevons，1871）把资本当成"用来便利生产的财富""许多日用品的集合体"，认为资本是维持工人从事工作的必需品，其中"食物的积蓄是资本的主要部分"。此外，除了这些将资本范畴限于资本的物质形态或物质功能的论述外，也有学者从更加抽象的层面来探讨资本范畴。麦克劳德（Henry Dunning Macleod，1858）将资本范畴从其实物形态抽象为资本所代表的价值，并认为资本根本不具有物质性质，"根本不包括任何物质的东西"，也"不包括财货本身"，而是其所代表的价值；库纳斯特（1884）与麦克劳德的观点很接近，他认为资本是"物质财货所具有的生产能力的价值"，是"生产性的物质价值的集合体"；而马克思则从资本非物质性的价值论出发，科学论证了劳动价值论，并将资本范畴引向了一个更深层次的领域，即资本范畴的社会关系属性③。

从资本的物质角度来解释西方关于资本的经济理论，实际上隐含着一个前提假设：资本的存在是个既定事实，资本是一个永恒的概念。这个假设虽然从一开始就击中了资本范畴的物质本质，但是沿着这个假设进行的西方经济理论的研究，无论其属于哪个流派，都会或多或少地打上资本物质化的烙印。在后来的西方经济研究中，随着对资本范畴的物质属性的深入挖掘以及各种新的研究方法的运用与推广，人们对资本范畴的认识进一步深化和拓展了。但是，局限于资本物质属性的研究，或许注定无法触及资本范畴物质表象下的更深层次的内涵。

1.1.1.2 马克思关于资本范畴的论述

正如前文所述，西方经济理论中有关资本范畴的论述几乎都是沿着资本的

---

① 作为较早的能够将对资本范畴的认识联系到物质生产领域的西方经济学家，庞巴维克对关于资本范畴的论述当然有着特殊的贡献。但是，作为西方主流经济学派（奥地利学派）的代表人物，庞巴维克的资本思想也不可避免地受其意识形态的影响而存在固有的局限。

② 以下各学者的观点均引自庞巴维克《资本实证论》（陈端译，商务印书馆，1981年，第61-70页）。受限于本书篇幅和研究重点，我们不打算逐一加以评述。

③ 我们不在此对马克思关于资本范畴的论述进行详细探讨，接下来本书会专门探讨这一内容。

物质线索而发展的，这些论述很好地解释了资本物质运动中的种种现象，尤其是资本作为生产手段时所带来的资本增值现象。

但是西方经济学家几乎无一例外地忽视了一个根本的问题，即资本运动（增值）过程引起的人与人之间的相互关系（如资本与劳动的关系）。马克思在对西方经济理论进行深入研究的基础上发现了其固有的局限①，摒弃了资本研究的物质线索，而将资本研究的重点转向了生产关系。马克思明确地指出："资本不是物，而是一定的、社会的、属于一定历史社会形态的生产关系，它体现在一个物上，并赋予这个物以特有的社会性质。"②

作为一部集经济学、政治学、社会学等重要学科之大成的鸿篇巨制，马克思的《资本论》不仅开辟了人类对资本的认知的新领域，更重要的是揭示了形态各异的物化资本与"繁茂芜杂的意识形态"③掩盖的社会生产关系，并"发现了现代资本主义生产方式和它所产生的资产阶级社会的特殊的运动规律"。在这部以劳动价值论为核心构建的资本的科学著作中，马克思精辟地阐述了对资本的认识。

首先，资本属于生产范畴。这与早期的西方经济学家所认识的资本有着本质的区别，西方经济学对资本范畴的研究仅限于资本增值的物质运动，且过分强调物资因素的作用，甚至连社会生产中最普遍的人与人之间的关系也都被物化了；而马克思对资本的论述是在充分考察资本的物质生产过程的基础上揭示了资本增值的真正原因，即通过剩余价值的占有来实现资本自行增值。换言之，"资本从一开始就不是为了使用价值，也不是为了直接生存而生产"，资本是自行增值的手段，是能够带来剩余价值的价值。同时，马克思还指出："资本是货币，资本是商品。但实际上价值在这里已成为一个过程的主体，在这个过程中，它不断交替采取货币形式和商品形式，改变自己的量，作为剩余价值同作为原价值的自身分离出来，自行增殖。"④"资本的实质并不在于积累

---

① 资产阶级经济学家的理论难免会受其意识形态的影响。资产阶级经济学家不会将资本指向其物化表象下的生产关系，因为他们所固守的意识形态以及其极力维护的上层建筑不容许其这样做。西方经济学家的资产阶级立场决定了他们对资本的认识注定具有局限。实际上，作为马克思资本观基础的劳动价值论，就是以对资产阶级经济学家严谨和科学的批判为基础。

② 《马克思恩格斯全集》第25卷，人民出版社，1974年，第920页。

③ 早期的西方经济学家认为"利息源于资本生产力"，并未发现资本的货币现象实际上是物质生产。庞巴维克（1889）较早地看到了这一点，并极力反对将资本当作"获利手段"。后来的西方经济学家（凯恩斯，1930；萨缪尔森，1957）也意识到了资本在生产领域的物质属性（而非表面的货币现象）。但是，西方经济学家对资本的认识，无论是时间价值论还是边际效用论，都无法触及资本作为物质实质下更深层次、更具抽象意义的社会关系。

④ 《马克思恩格斯全集》第23卷，人民出版社，1972年，第176页。

起来的劳动是替活劳动充当进行新的生产的手段，它的实质在于活劳动是替积累起来的劳动充当保存自己并增加其交换价值的手段。"①

其次，资本属于社会关系范畴②。从货币的原始表象到物质实质再到物质实质下所深藏的社会关系，马克思对资本进行了深入的挖掘，戳穿了资本坚硬的物质外壳，发现了资本主义生产方式中流通过程和再生产总过程中的基本元素，即剩余价值。因此，马克思直接指出，"资本显然是关系，而且只能是生产关系"③，资本"是一种社会生产关系，是资产阶级的生产关系，是资产阶级社会的生产关系"④。

最后，资本属于历史范畴。相对于西方经济学家关于资本范畴永恒的假设（他们非历史性地认为历史发展到了资本主义生产方式后便达到了最高阶段，因而将永恒不变），马克思认为资本是一种历史性的生产关系，是个历史范畴，并且资本的作用也绝不是无限的。资本最大限度地追求财富增值，但财富真正的源泉不是资本而是劳动者的创造和生产。因此，资本的发展始终处于矛盾之中：一方面，它推动生产力发展；另一方面，由于其内在矛盾的不可克服性，资本必然会成为生产力进一步发展的障碍，而历史发展的必然趋势将使资本成为历史。具有自然属性的资本，其经济本性就是增值，即通过剩余价值的积累自行增长和扩张；具有社会属性的资本，就其哲学实质而言，是一种社会生产关系。资本增值的运动逻辑与作为资本主义生产关系的资本范畴不可消除的内在矛盾，以及由生产关系物化所引起的资本与劳动的对立，必然导致资本对自身的否定。

马克思对资本的论述，始终以资本物质形态下的社会关系为主线，并将劳动价值论确立为其资本观的核心，抓住资本与劳动的矛盾及其自身的运动规律，科学、严谨地批判了资产阶级经济学家的资本理论。通过对马克思的资本概念的理解，我们认为它至少应该包括以下六个方面：

（1）资本是一种价值。马克思从劳动价值论和剩余价值论中抽象出了这个概念⑤，并指出资本是能够带来剩余价值的价值，是自行增值的价值。马克

---

① 《马克思恩格斯全集》第1卷，人民出版社，1972年，第364页。
② 资本当然属于社会关系范畴，这就像马克思批评把黑奴等同于黑人的谬误一样，他说："黑人就是黑人。只有在一定的关系下，他才成为奴隶。纺纱机是纺棉花的机器，只有在一定的关系下，它才成为资本。脱离了这种关系，它就不是资本了。就像黄金本身不是货币，砂糖并不是砂糖的价格一样。"（《马克思恩格斯全集》第1卷，人民出版社，1972年，第362页）
③ 《马克思恩格斯全集》第46卷（上），人民出版社，1979年，第518页。
④ 《马克思恩格斯全集》第1卷，人民出版社，1972年，第363页。
⑤ 这种抽象绝非随意的抽象，而是"抓住了与所有其他财富形式或生产发展方式相区别的资本的特征的一种抽象"（《马克思恩格斯全集》第46卷（上），人民出版社，1979年，第444页）。

思从剩余价值再生产的过程考察了资本是如何成为能够带来剩余价值的价值的，并发现随着生产周而复始的循环，剩余价值会不断地转化为资本；经过若干循环后，预付资本会全部得到补偿。而在新的生产循环中，预付资本已退出循环过程，新的生产过程中所需垫付的资本实际上是上次循环过程中所积累的剩余价值。由此，马克思认为是剩余价值而非预付资本在支配劳动，故主张应从剩余价值的生产与再生产的角度来考察资本，而不应被资本的表面现象所蒙蔽。

（2）资本是一种社会生产关系。这是马克思关于资本的论述中最为重要的思想。马克思的资本观始终坚持强调"资本不是物，而是一定的、社会的、属于一定历史社会形态的生产关系，它体现在一个物上并赋予这个物特有的社会性质"①。这种资本主义制度下的社会生产关系，就是活劳动与物化劳动之间的交换关系，是物化劳动支配活劳动的关系，是特定历史条件（资本主义社会制度）下产生的生产资料所有者（资本家）与劳动力所有者（工人）之间的剥削与被剥削的社会关系，而这种关系却被资本的物的外壳掩盖了。

（3）资本是一种经济权力。马克思从社会经济权力结构中发现了资本实际上具有一种对剩余价值占有与支配的权力，并认为，"资本是资产阶级社会的支配一切的经济权力"②，是对无酬劳动的支配权。马克思进一步指出，资本自行增值的秘密是"对别人的一定数量的无酬劳动的支配权"③。换言之，正是由于资本所有权带来的经济权力，在资本主义制度下资本雇佣劳动、支配劳动，并占有剩余劳动。在马克思看来，资本的所有者正是凭借其对资本的所有权而享有了这种经济权力，即"资本家拥有这种权力并不是由于他的个人的或人的特性，而只是由于他是资本的所有者。他的权力就是资本的那种不可抗拒的购买的权力"④。

（4）资本是一种运动过程。马克思从资本的运动习性中提炼了他对资本的认识，"资本决不是简单的关系，而是一种过程"⑤，它有"一种不断超越自己量的界限的欲望"⑥，而这种欲望是"无止境的过程"。也就是说，资本无限增值的欲望实际上是在其实物形态交替变换（货币资本、生产资本和商品资

---

① 《马克思恩格斯全集》第 25 卷，人民出版社，1974 年，第 920 页。

② 《马克思恩格斯全集》第 46 卷（上），人民出版社，1979 年，第 45 页。

③ 《马克思恩格斯全集》第 23 卷，人民出版社，1972 年，第 260 页。

④ 《马克思恩格斯全集》第 3 卷，人民出版社，2002 年，第 238-239 页。

⑤ 《马克思恩格斯全集》第 46 卷（上），人民出版社，1979 年，第 213 页。

⑥ 《马克思恩格斯全集》第 46 卷（上），人民出版社，1979 年，第 226 页。

本，$G \rightarrow W \rightarrow G'$）的运动过程中实现的。

（5）资本是一个历史范畴。马克思认为，资本决不是一个永恒的范畴，它只是人类社会发展过程中的一个历史的范畴，是与商品经济相联系的历史范畴，代表了资本主义社会的生产关系，是资本主义所特有的经济范畴。

（6）资本是一种经济制度。作为一种能够带来剩余价值的价值，当资本具有一种经济权力之后，在无止境的增值欲望的驱动下，它必然会按照自己内在的规律实现增值，并形成一种以资本为中心的生产结构和经济权力结构。以劳动价值论为基础的《资本论》实际上也是马克思围绕资本范畴对资本主义经济制度进行考察的成果。也正是得益于这种从资本范畴到资本主义经济制度的研究，马克思才发现了资本主义经济制度本身所蕴含的不可消除的内在矛盾，即私人劳动与社会劳动之间的矛盾（或生产资料的私人占有与社会化大生产之间的矛盾）。

1.1.2 社会主义市场经济中的资本范畴及其发展

根据马克思对资本范畴的界定，资本只能存在于资本主义社会，无法推导出社会主义需要资本的结论，也无法直接推导出资本是独立的价值形态的概念（廖进球，1995）。马克思强调，资本产生的特定历史条件是劳动力商品化，其历史起点是商品生产与商品流通，资本主义的商品生产是劳动过程与价值增值过程的统一，并明确地将资本界定在资本主义的商品生产范围内。因此，在过去相当长一段时间内，"资本"这个概念在我国社会主义经济中是缺失的；但随着社会主义市场经济体制的建立和发展，以及资本对社会主义经济增长和社会发展的要素性贡献越来越明显，有关资本的理论争论也愈发激烈了①。那么，在社会主义经济中是否存在资本？如何在新的历史条件下发展马克思主义资本观？在我国社会主义市场经济发展过程中理论界对于资本的认知经历了怎样的变迁过程？

1.1.2.1 社会主义市场经济中对资本范畴的认知变迁

改革开放以前，我国理论界普遍认为资本只存在于资本主义经济，而不存

---

① 通过对相关文献所进行的分析我们发现，20 世纪 90 年代是有关资本理论争鸣最为激烈的年代，这期间也产生了很多相关研究成果，如冯子标等的《论社会主义资本》（《中国社会科学》，1994 年第 3 期）、汤为本的《论广义资本》（《中南财经大学学报》，1994 年第 4 期）、臧志风的《也谈社会主义为什么可以运用资本范畴》（《中国青年报》，1994 年 4 月 5 日）、蒋学模的《社会主义经济中的资本范畴和剩余价值范畴》（《经济研究》，1994 年第 10 期）、武建奇的《应对资本范畴进行怎样的"再认识"》（《经济研究》，1995 年第 3 期）和邓剑锋的《社会主义市场经济条件下资本范畴若干理论与实践问题的探识》（《求是》，1999 年第 8 期）等。

在于社会主义经济①。因此，曾经很长一段时间，在我国理论界的学术成果和政府部门的政策性文件中没有"资本"这个概念②，而使用"资金""资产""基金"等概念来代替它，甚至有学者提出"社本"③ 的概念。并且，在政治经济学资本主义部分使用"资本"，而在社会主义部分相应的地方换作"资金"，给人造成一种似乎社会主义经济理论只是在做"文字游戏"和"换名游戏"的印象（武建奇，1995）。但是长期以来的经济理论研究表明，"资金""资产""基金"等概念只能反映资本某一方面的特征，无法完整表达社会主义市场经济中资本的多重内涵，甚至有悖科学规律，给人造成了一种"特色有余、规范不足"的感觉④。更为严重的是，用"资金""资产"等概念取代"资本"后，资金和资产的价值运动并无资本价值运动的增值要求，这样就会在理论上不可避免地导致公有制企业不讲成本和利润、不讲投资回报的认识误区。"资本"概念缺失的直接后果就是给社会主义经济理论带来了很大的混乱，也为经济体制改革增加了不少障碍（郭克莎，1994）。那么，社会主义制度下资本范畴的存在是否有其必然性与合理性呢？

首先，从社会主义市场经济发展的客观需求来看，资本是市场经济的基本元素与核心范畴，市场经济的发展离不开资本的推动作用。这是因为，作为一种物质性的生产要素，资本是任何一种制度下经济发展所必需的物质条件。劳动是社会财富的真正源泉，但劳动对财富的创造是必须以生产资料为工具的。也就是说，在社会主义市场经济发展过程中，一方面需要全体人民勤奋的创造性劳动，另一方面也需要资本的物质性贡献。而且，市场经济也是一种交换经济，生产的目的是交换价值而并非使用价值，这就要求人们必须牢固树立资本

---

① 根据马克思对资本的论述，资本只存在于资本主义社会（见上文"马克思关于资本范畴的论述"部分)，而在消灭了剥削的社会主义社会，资本是不存在的。

② 在政策性文献综述中，我们按时间顺序将这些文件进行了梳理（限于篇幅，我们并未将改革开放以来所有关于国有资本和国有企业改革的文件纳入本书）。实际上，通过对这些政策性文献的梳理我们发现，直到1993年11月党在十四届三中全会通过的《中共中央关于建立社会主义市场经济体制若干问题的决定》首次使用"资本"概念后，"资本"概念才得以解禁。此后，党的十五大、十六大与十七大报告以及各种政策文件都广泛使用了"资本"概念。通过这些政策性文献在概念使用上的变化，我们也能明显地看到理论界对于资本认识的变化。

③ 此概念源于卓炯的《关于"〈资本论〉的生命力的探讨"》（《学术研究》，1983年第2期）。

④ 武建奇在《应对资本范畴进行怎样的"再认识"》（《经济研究》，1995年第3期）中，对这种人为地排挤"资本"概念，牵强地以"资金"替代"资本"并强制赋予其某些含义的行为进行了批评，并指出了这种做法的局限和内在矛盾。

保全与资本增值的市场经济意识，而"资本"概念的缺失会严重抹杀这种经济意识。

其次，从改革开放和社会主义市场经济发展的实践来看，人民生活状况的大幅度改善、生活质量的逐步提高以及社会财富的普遍增加，不仅来自人民的勤劳和智慧，更得益于我们党在社会经济体制方面进行的大刀阔斧的改革与试验，以及在解放思想和理论认识方面进行的大胆探索与尝试。如果没有党的十四届三中全会的破冰之举，"资本"概念可能仍然缺位，企业不讲成本和利润、不讲投资回报的现象可能仍然普遍存在，社会主义经济理论的发展也可能停滞不前。

最后，从马克思关于资本剥削本性的分析的角度来看，马克思之所以认为资本是独属于资本主义社会的历史范畴，是资产阶级的剥削工具，是因为他的考察是在资本主义私有制的基础上进行的。在资本主义社会，资本家凭借资本所有权无偿占有剩余价值；而在社会主义公有制下，生产资料的全民所有所导致的资本与劳动的结合方式必然不同于资本主义社会。通过资本的积累功能与劳动的创造功能的有机结合，将剩余价值不断转化为资本，以资本来壮大整个社会的生产力，可以最终实现共同富裕的目标。

随着改革开放的逐渐深入以及社会主义市场经济体制改革的稳步推进，对资本的理论认知水平的局限已开始越来越明显地限制改革步伐。一方面，中国经济高速增长的事实有力地证明了资本对社会主义市场经济的巨大促进作用，社会主义市场经济非但不能消灭商品生产，还要大力发展商品生产；非但不能消灭资本，还要利用好资本对经济发展的积极作用。另一方面，"资本"概念被长期禁锢、"打入冷宫"的事实，也让很多人谈"资本"而色变，认为"资本"就是资本主义的专有名词。在这种情况下，党的十四届三中全会通过了《中共中央关于建立社会主义市场经济体制若干问题的决定》，首次使用了"资本"一词。之后，资本对社会主义市场经济发展的重要作用逐渐得到了体现。

1.1.2.2 资本概念的重新认识及其发展

通过以上分析，我们明确了社会主义市场经济中的资本确实与马克思所研究的资本有着巨大差异。两者的差异根源在于：前者是社会主义公有制基础上的资本，资本增值的成果归全民所有，资本与劳动不再是对立面，而都是财富创造的手段；后者是建立在资本主义私有制基础上的剩余价值的剥削工具，是物化劳动奴役"活劳动"的工具，始终与劳动相对立。既然如此，我们认为有必要重新认识社会主义市场经济中的资本。

首先，我们仅从资本单纯的物质属性来考察。①作为生产要素的物质资本（即资本作为一种价值增值的物质性要素），与劳动、技术等因素共同构成了经济增长的要素性投入，并在生产循环领域实现自身增值的同时推动经济发展和社会财富的创造，这与马克思所说的"执行职能的资本"意思接近①，实际上也就是生产资料的资本化，包括厂房、机器、工具、原材料与辅助材料以及以货币形态投入生产领域的各种生产资料等，但不包括土地、无形资产和金融资产。作为存量的形态，资本体现的是各种生产资料凝固在某一时点的物化形态；而作为流量的形态，它体现的是各种要素性资源的投入与增加，即储备增加和物质资本总量的增加。无论是作为存量形态的资本还是作为流量形态的资本，它们都是现时或未来产品产量与收益流量的基础。②作为财富存量的物质资本，是物质财富的表达形式。我们暂且撇开资本所有权的归属问题②，作为财富的资本所代表的是其所有者对社会物质财富的占有量。比如，国有资本代表的是国家对社会财富的占有量，而私人资本代表的是个人对社会财富的占有量③。因此，从这个角度来看，收入（资本的价值增值）与资本又有一定的联系："收入是一段时间内财富的流量，而资本是存在于某一时刻的财富的存量。"④

其次，从资本范畴的社会属性来看。资本的社会属性就是资本在特定的社会中所体现的人与人之间的社会生产关系，而这种社会生产关系形成的根本原因就在于资本所有权的归属，即资本的所有权归谁所有。资本所有权的归属决定了剩余价值的归属，也就是说，谁享有资本所有权，谁就占有资本增值所产生的剩余价值。在资本主义制度下，生产资料的私人所有决定了资本对劳动的雇佣以及资本家对剩余价值的占有，也就决定了资本所有者（资本家）与劳动所有者（工人或无产者）之间不平等的社会关系；而在社会主义制度下，

---

① "执行职能的资本"是指在再生产过程中履行辅助生产职能的资本。马克思将资本划分为执行职能的资本（即现实资本）和不执行职能的资本（即虚拟资本），而不执行职能的资本是指纯粹凭借所有权获取利息收入而不雇佣劳动的资本，它"不以雇佣劳动为自己的对立面，而是以执行职能的资本为自己的对立面"（马克思：《资本论》第3卷，人民出版社，1972年，第426页）。

② 资本所有权的归属是资本的社会属性，下文我们会具体讨论这个问题。

③ 当然，这种思路也可以延伸至国际资本，也就是说，我们也可以认为国际资本代表一国的财富持有量。但是，由于从财富的角度去探讨国际资本或流动于国家间的资本会涉及复杂的汇率形成机制和相关贸易问题，受本书研究重点和篇幅的限制，我们在此不做讨论。

④ J. 哈维：《现代经济学》，上海译文出版社，1985年，第229页。

生产资料的公有制决定了剩余价值的国家所有和全民所有，体现的是一种社会主义社会中劳动者与劳动者之间的平等关系。从更深层次来说，资本所有权的归属又是由社会所有制结构决定的，目前我国公有制为主、多种所有制经济共同发展的混合所有制结构从客观上决定了公有资本与非公有资本的共同存在与发展。

再次，从资本的本性来看。资本的本性是指资本在运动增值过程中所体现出来的独特的性质。①增值性。这是资本运动最根本、最原始的动机。正如马克思所言，资本有一种无止境的致富的欲望，"发财致富就是目的的本身。资本的合乎目的的活动只能是发财致富，也就是使自身增大或增殖"①。资本的活力和本性也就在于此，它只有使自己不断增值，"才能保持自己成为不同于使用价值的自为的交换价值"②。也就是说，资本对自己以何种使用价值存在并无兴趣，它的兴趣在于价值增值，失去价值增值目的的资本，也将失去其应有的活力和动力。也正是因为价值增值的原始动机难以抗拒，资本才不辞劳苦周转不息，才不惧竞争、不畏风险进行不断扩张。②周转性或运动性。这是资本实现价值增值的唯一途径。只有在周而复始的运动与周转中，只有在货币资本、生产资本与商品资本的交替循环中，资本才能完成由 G 到 G′ 的价值增值。那么从这个角度而言，资本的生命就在于运动。③竞争性。资本运动的内在决定了资本必须回归市场，只有激烈的市场竞争，只有优胜劣汰的自然法则，才能促使资本运动不断加速，从而避免资本在静止中死亡。马克思指出，正是自由竞争带来了资本的真正发展，竞争是资本积聚（特别是资本集中）最有力的杠杆之一③。④风险性。资本增值注定是一个充满风险的过程，这些风险既有可能来自外部市场激烈的竞争，也可能来自资本运动内部的种种不确定性④。⑤扩张性。实际上，资本的扩张性与资本的增值性是相伴相随的孪生姊妹。资本的无限增值欲望决定了资本必须不断扩张，而资本规模的不断扩张也

---

① 《马克思恩格斯全集》第 46 卷（下），人民出版社，1980 年，第 210 页。

② 《马克思恩格斯全集》第 46 卷（上），人民出版社，1979 年，第 226 页。

③ 伊特韦尔等：《新帕尔格雷夫经济学大辞典》第 1 卷，经济科学出版社，1996 年，第 584 页。

④ 比如，资本由货币资本转化为商品资本时，有可能因为产品研发、生产技术、操作流程等生产性因素导致产品生产的失败；此外，在由商品资本向货币资本转化过程中，资本还必须经历"惊险的跳跃"，如果这个跳跃不成功，摔坏的将不是商品，而是商品所有者（相关论述请参阅《马克思恩格斯全集》第 23 卷，人民出版社，1974 年，第 124 页）。也就是说，在整个 G→W→G′ 的周转过程中，任何一环的断裂都可能导致资本增值的破灭，而这种可能却无处不在。

正是资本无限增值欲望最有力的外在表现。扩张是增值欲望的外在表现，是风险与竞争的最终结果。资本竞争的残酷性决定了资本要么在竞争中扩张，要么在竞争中萎缩。⑥广义性。资本既表现为一种物质性要素，又表现为一种社会关系；既是一种经济资源，又是一种经济权力；既是有形的，也是无形的；既可以存在于资本主义社会，也可以存在于社会主义社会；既可以是存量，也可以是流量。

最后，从我国社会主义市场经济发展的客观情况和现实的所有制结构来看，目前我国社会主义初级阶段的基本国情决定了公有制为主、多种所有制经济共同发展将在很长一段时间内是我国的一项基本经济制度，这就决定了在今后相当长一个时期内公有资本与非公有资本共同存在是个必然现象。但是有一点必须明确，那就是体现社会主义市场经济特征的资本的主体应该而且必须是公有资本，而对于非公有资本这把"双刃剑"，我们一方面要利用好它对经济发展的要素贡献力量，另一方面也要防止非公有资本权力的无限扩张。因此，我们认为，作为社会主义市场经济主体的公有资本除了资本的一般共性之外至少还应具备以下特征：①公有性。这是公有资本区别于其他所有制资本的最基本的特征，也是社会主义市场经济中的资本区别与资本主义条件下的资本的重要标志。作为资本化的公有生产资料，公有资本（尤其是国有资本）在社会主义市场经济发展过程中始终发挥着支柱作用。②全民共享性。公有资本（尤其是国有资本）在社会主义市场运行过程中所实现的价值增值归全民共同享有。这种全民共享并非通过直接占有或直接获取收益的方式体现，而是体现为国家（或集体）通过国有资本增值获得国有资本收益，然后国家将增值的价值投资于公共事业、社会福利和民生工程，以满足全社会的共同需求，提高国民福利。这种取之于民、用之于民的原则，真正体现了公有资本的全民共享性。

当然，我们也注意到，还有学者从更广义的角度去界定资本，如凯尔等人认为，在非真实的意义上，资本是未来劳务的真实体现。这种观点实际上对资本概念的空间与时间都进行了拓展，并将劳务（或服务）纳入了资本范畴，但这与我们所界定的资本并不一致。此外，我们始终关注资本的新的研究动态，我们发现目前有关资本的研究呈现出一种外延不断扩大的趋势，即资本泛化。资本泛化的直接后果就是产生了许多新概念、新问题和新的研究领域，如人力资本问题、技术资本问题、社会资本问题、组织资本、关系资本问题等（见图1-1）。

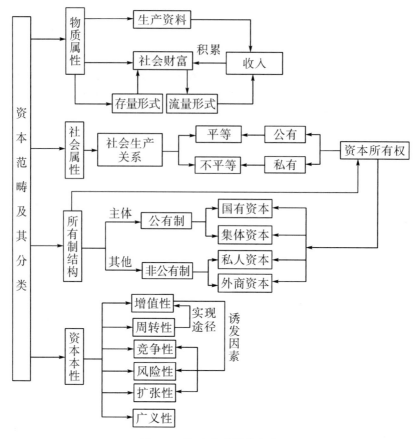

图 1-1　资本范畴及其分类

1.1.3　国有资本、国有资产与国有企业及相关概念辨析

按资本所有权的归属进行划分就产生了国有资本的概念。简单地说，国有资本也就是资本所有权归国家所有的资本。资本收归国有一般来说有两种途径：第一种途径是通过强制性的国家政权没收私人资本所形成的国有资本，第二种途径是国家凭借生产资料所有者的身份通过投资所形成的各种归属于国家的权益。前者一般是在社会主义政权建立的早期采用。出于对社会主义经济和政权安全的考虑以及社会主义社会化大生产和工业化的需要，国家必须掌控经济资源，并且将各种闲散社会资源集中起来，"集中力量办大事"。这种"大一统"的计划经济在特殊时期确实发挥了一定作用，但随着社会主义经济的发展以及国内外形势的变化，其局限性开始逐渐显现。之后，随着改革开放和

社会主义市场经济体制的建立，计划经济开始逐步让位于社会主义市场经济。出于保护社会效率和私人资本积极性的考虑，国家在充分保护私人资本发育、成长的同时，通过积极的国家投资在关系国计民生的重要行业和关键领域积累了大量的国有资本。这些国有资本在为社会主义市场经济发展和国家宏观调控实施提供充分的物质保障的同时，通过利税的形式被转化国家财政收入，然后通过财政性支出以改善民生、促进社会发展。

1.1.3.1　国有资本的概念界定

1997 年 7 月 18 日，国家体改委在《关于城市国有资本营运体制改革试点的指导意见》（体改生〔1997〕121 号）（以下简称《指导意见》）中明确界定了国有资本的概念：国有资本是资本性质的经营性国有资产，是国家投资于企业之中归属于国家所有的净资产。随后，2001 年 4 月 28 日，财政部颁布《企业国有资本与财务管理暂行办法》（财企字〔2001〕325 号）（以下简称《暂行办法》）进一步明确了国有资本概念和范围：国有资本是国家对企业各种形式的投资和投资所形成的权益，以及依法认定为国家所有的其他权益。如果说《指导意见》仅仅只是将国有资本的概念从国有资产中简单地分离出来的话，那么，《暂行办法》则对国有资本的概念和范围进行了详细的界定。从《暂行办法》中，我们可以明确，国有资本至少应包括以下三个方面的内容：①国家对企业进行的各种投资，也就是国家以资本所有者的身份向企业（不包括金融企业）进行的投资。在这里，国家身份被淡化，它仅只是经济活动的参与者，是经济主体，与其他经济主体并无任何本质差异①。②这些资本所形成的各种权益。这些权益的形成是以资本所有权而非国家政权为基础的。也就是说，国家凭借资本所有者身份享有资本所有权以及由此所衍生的一系列的财产性权益，包括财产收益权、资产监督权、投资决策权等。这与税收有着本质的区别。税收产生的基础是强制性的国家政权，是国家以社会管理者的身份获取的相应收入，它体现的社会关系是不对等的；而国有资本投资所形成的各种权益，体现的是一种公平、平等的经济关系，不需要借助国家政权的强制力来保

---

① 当然，有人可能会有疑问，国家既参与经济活动又管理经济活动，这不是"运动员"与"裁判员"角色的混合体吗，怎么能说它与其他经济主体并无任何本质差异？实际上，在国资委成立之前，确实存在这种情况，即国家既当"运动员"又当"裁判员"。这种情况一方面会造成市场公平性的损害，另一方面也不利于国家对经济活动的管理。因此，2003 年 3 月，第十届全国人民代表大会第一次会议批准了《国务院机构改革方案》和《国务院关于机构设置的通知》（国发〔2003〕8 号），决定成立国务院国有资产监督管理委员会（简称"国资委"），并明确规定由国资委作为国家的代表履行国有资本出资人职责，享有国有资本的所有权和收益权。国资委的设立很好地解决了国家在社会主义市场经济中的角色问题。

证。③依法认定为国家所有的其他权益。这些权益的产生仍以国家财产所有权为基础，涉及国有资本经营过程中有可能出现的与其他经济主体间的产权或合同纠纷所导致的难以划分的权益。对于这种情况，《暂行办法》强调了以法律手段（而并非行政手段）为基础判定权益归属。

通过以上分析，我们认为，对于国有资本范畴的考察应该从两个方面入手：一方面是资本的一般属性，即国有资本保值增值；另一方面是国有资本的特殊属性，即国有资本的社会职能。也就是说，在一般情况下，作为本金投入的国有资本首先应该确保保值增值目标的完成①；在特殊情况下，国有资本应承担相应的社会职能②，履行作为国家的资本的职能。

首先，从资本的一般属性来说。资本增值是国有资本作为资本的基本条件，不追求增值的国有资本不是严格意义上的资本，最多也只能称其为"国有资产""非经营性国有资产"或"基金"③。过去，我们未能深刻认识资本和国有资本，导致了"政企不分""企业办社会"以及国有资本效率低下等种种后果。随着国有企业改革的推进以及我们对资本和国有资本认知水平的提高，我们承认了国有资本首先必须涵盖资本的一般属性，即国有资本保值增值。国有资本发展的实践也证明了这一点，只有承认国有资本的一般资本本性，国有资本才能盘活，国有企业才能经营好。

其次，从国有资本的特殊属性来看。作为国家的资本，国有资本不能像其他社会资本那样单纯以利润最大化为目标，而必须兼顾其社会职能。也就是说，在追求保值增值的同时，国有资本还必须履行相关社会职能，这种社会职能的履行又是国有资本区别于私人资本（或其他社会资本）的本质属性。只

①　当然，我们所说的保值增值并不是指追求利润最大化。利润最大化导致的种种短期行为在一定程度上会有悖于国有资本的社会职能；但是，国有资本也不能不讲经济效益、不追求利润。国有资本的一般属性与特殊属性是一对矛盾，如何调解这种矛盾呢？我们的初步建议是，在一般情况下，国有资本应强调保值增值，但保值增值并非一味追求利润最大化，可以以行业平均利润为参考，确保国有资本获得合理的投资回报与本金补偿，从而为国有资本投资循环提供保障。

②　请注意"社会职能"与"社会责任"之间的微妙差异。国有资本一般情况下体现的是资本的一般属性，只有特殊情况下才会体现其特殊属性（社会职能），这并不意味着国有资本一般情况下都是以保值增值为目标而不需履行社会责任。社会责任是企业（无论何种性质）作为社会的一员在享受社会所提供的相关权利后应该履行的一种责任或义务。这种责任或义务的履行并无一般情况和特殊情况之分，它是一种持续的、非间断的过程，伴随企业生命周期的整个过程。而社会职能则是指国有资本作为国家的资本，在特殊情况下充当国家宏观经济调控、政权维护等的工具。

③　"基金"这个概念来自国家财务理论中的本金基金分流理论，相关论述请参阅郭复初教授所著的《国家财务论》（西南财经大学出版社，1993 年）。

追求利润或只履行社会职能都不是国有资本，国有资本是这两种属性的矛盾统一体（见图1-2）。

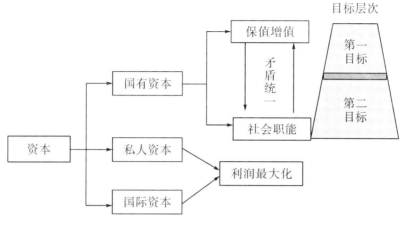

图 1-2　国有资本两种属性的矛盾统一

1.1.3.2　国有资本与国有资产、国有企业的关系

国有资本、国有资产与国有企业是三个相互联系、相互区别的概念。对国有资本范畴的考察必然要涉及国有资产和国有企业的概念。因此，我们认为有必要对这三个概念进行简要的分析。

首先，我们对国有资产概念进行分析。国有资产概念有广义与狭义之分。广义的国有资产是指资产所有权归属于国家的一切资产，包括经营性国有资产、非经营性国有资产以及资源性国有资产等。所谓经营性国有资产是指国家对企业进行的各种投资以及所形成的各种权益。按照《中华人民共和国企业国有资产法》的规定，经营性国有资产包括三个层次。第一个层次是国务院国有资产监督管理机构代表国家履行出资职责所形成的各项权益。第二个层次是各级地方人民政府按照国务院规定设立的国有资产监督管理机构代表本级人民政府履行出资职责所形成的各项权益。第三个层次是国务院和地方人民政府授权其他部门或机构代表本级人民政府对企业出资所形成的各项权益。具体来看，经营性国有资产应包括中央企业、各级地方性国有企业以及其他非国有企业中归国家和地方政府所有的各种权益。这些权益包括国家和地方政府履行出资人职责所进行的投资、企业经营过程中所获取的利润或未分配利润、资产评估增值等各项权益。简单地说，就是各类涉及国有资本投资的企业中依法归国家或地方政府出资人所有的净资产或所有者权益①。非经营性国有资产是指国家出资形成的不以营利为目的的各种资产，包括由国家机关、事业单位等机构和部门占有和使用的行政事业性资产，以及由国家财政支出所形成的各种不以营利为目的的资产。资源性国有资产则是指国家所有的矿产、土地、森林、水流等。显然，非经营国有资产和资源性国有资产并不符合资本的定义。因此，从这个角度来看，我们可以认为经营性国有资产与国有资本属同一范畴。此外，从经营性国有资产的存在形式来看它主要有三种类型：①存在于企业中的国有资产，包括存在于国有独资企业、国有控股企业以及国有参股企业中的国有资产。这是经营性国有资产（国有资本）最主要的存在形式。②行政事业单位占有、使用的非经营性国有资产中用于经营和获利的国有资产。严格来说，这部分国有资产虽然被行政事业单位占有和使用，形式上以非经营性资产存在，但是它被用于经营、获利，所以实质上应该是经营性国有资产。其中最典型的就是事业单位以其法人资产向股份制公司出资所形成的国有法人资本。③资源性国有资产中投入生产经营用以获利的部分。该部分国有资产本应属于资本，一旦将其投入生产经营并以营利为目的，它就转变成了经营性国有资产。其中最典型的就是以国有土地使用权、矿业权等为基础进行投资入股并获取的收益。

其次，我们再对国有企业概念进行讨论。将企业按产权主体进行划分，就得出了国有企业、私营企业和外资企业的概念。具体来说，国有企业包括国有独资（公司）企业和国有控股企业（见图1-3）。国有企业是对国有资本空间形态的规定与制约。国有资本需要国有企业这一载体，并在国有企业的生产经营过程中完成其保值增值目标。或者形象地说，国有企业是国有资本的"躯体"，而国有资本则是国有企业的"灵魂"。作为一种社会资源的组织形式，国有企业将国有资本、劳动、技术以及管理等各种要素进行组织，并投入生产经营，以实现国有资本保值增值。从这个角度来讲，国有企业又是国有资本的一种组织和运营形式。

---

① 我们借用了会计学中净资产（所有者权益）的概念。按照会计学原理，企业中的资产总额等于负债与所有者权益之和。也就是说，扣除负债之后的净资产的增加（不考虑资本投资的增加）实际上就是企业资本不断增值的一种表现。按照资本所有权进行的权益划分会相应地增加国有资本在企业中的权益。简单地说，我们认为，企业中的经营性国有资产（国有资本）可以按照净资产（所有者权益）×国有资本持股比例进行折算。

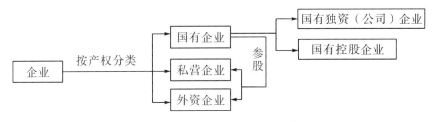

图 1-3　国有企业划分及其分类

由以上分析可见，国有资本是国有资产的子集，是经营性国有资产的价值形态，而国有企业则是国有资产和国有资本的载体，是它们的组织形式，三者相互依存，却又有着本质的差异（见图 1-4）。

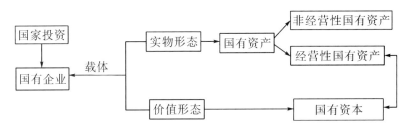

图 1-4　国有资本与国有企业、国有资产的关系

1.1.3.3　国有资本投资与财政性支出的关系①

长期以来，国有资本投资与财政性支出始终存在着界限模糊、主体混淆的情况，直至 2003 年国资委的成立，才彻底将两者的界限进行了明确的划分。由于我们的研究是对国有资本投资效益的考察，因此必须明确国有资本投资与财政性支出的区别。具体来讲，两者存在以下区别：

（1）来源不同。国有资本投资的来源是资本所有权（财产权利），并依据该权利享有收益和权益；而财政性支出的来源是国家财政性收入，其中最主要的来源就是以国家政权的强制力获得的税收收入。或者说，国有资本投资收益来源于市场化经营的成果，而财政性支出则主要来源于税收收入。

（2）主体不同。国资委的成立明确了国有资本投资的主体只能是国务院国资委和地方国资委，国资委代表国家履行出资人职责，地方国资委则代表本级政府作为国有资本的出资主体；而财政性支出的主体是财政部和地方财政部门。出资主体的不同也导致了两者的归口管理部门不同。

---

① 本节内容借鉴了郭复初教授《论国家财务》（载于郭复初教授所著《现代财务理论研究》，经济科学出版社，2000 年，第 116-149 页）的研究成果。

（3）目的不同。国有资本投资的目的首先是保值增值，其次才是履行国有资本的社会职能与产生社会效益；而财政性支出的目标是以社会效益为主，并不注重经济利益。一般来说，国有资本投资要求对投资本金进行补偿（保值）并获取收益（增值），以确保投资循环的再进行；而财政性支出一般不具有补偿性和周转性，一次支出结束后下次支出只能从下次财政收入获得，无法通过上次支出获得补偿。

（4）管理方式不同。国有资本需要按照市场化的手段进行经营管理，而财政性支出主要是依据国家和地方财政预算进行管理的。也就是说，前者的管理方式主要以经济手段为主，而后者则主要通过行政手段或行政指令进行管理。此外，由于两者支出目的的不同，对支出效果的考核也不同。对前者的考核应以经济效益为主，而后者则以社会效益为主。

（5）投资方向不同。由于国有资本投资存在经济目标，国有资本投资一方面要向符合国家产业政策的方向倾斜，另一方面还要符合投资回报原则；而国家财政支出则主要投向一些投资金额巨大、回收周期长、投资收益差、投资风险大的重点建设项目（如公共工基础设施建设项目）和财政性补贴支出。

当然，两者也相互联系、相互依存，主要表现为以下三个方面：

（1）相互转化。一方面，国有资本投资获得的收益一部分通过税收转化为财政收入，另一部分则通过对资本所有者（国家或各级地方政府）的利润分配转化为政府经营性收入，并划归各级财政。另一方面，国家财政重点建设项目一旦完工投产并开始经营，就会转化为经营性国有资产（国有资本），使部分财政资金转化为国有资本。

（2）相互补充。对于符合国家产业政策和重大战略决策的大型基本建设项目，当国有资本投资不足时，可以由国家（或各级地方政府）的财政支出进行补充；同样，对于某些国家财政重点建设项目，当财政支出不足时，也可以由国有资本投资进行补充。当然，对国有资本投资要进行合理的补偿和回报。

（3）相互促进。一方面，通过财政支出投入大型基础性建设项目不仅能为资本（包括国有资本和非国有资本）形成和增长提供良好的外部环境，也能为资本投资起到良好的带动作用；另一方面，资本投资尤其是国有资本投资在财政性支出的促进下所获取的收益又为财政收入提供了来源，从而确保了财政性支出的稳定。

1.1.3.4　国有资本投资与政府投资的关系

国有资本投资与政府投资是两个极易混淆的概念，通过对相关文献的研究，我们发现很多研究者甚至直接将两者画了等号。但是，这两者确实存在诸多细微的差异，尽管表面上可能存在很多相似之处。

（1）在投资主体上，很多人都笼统地认为两者的投资主体都是国家或政府，这么说似乎并没有错。但是，两者在投资主体上有差异。国有资本的投资主体是国资委（代表国家）和各级地方国资委（代表各级地方政府），而政府投资的主体一般是财政部（代表国家）和各级地方财政部门（代表各级地方政府）。虽然这两个部门（国资委和财政部）都是国家授权进行投资的部门，但两者并不能笼统地冠之以国家或政府。

（2）在投资目的上，国有资本投资是以经济效益为第一目标的，而政府投资绝大多数情况下都是出于其他目的（可能是出于国家发展战略需要，可能是为了解决社会问题，也可能是为了改善民生等），投资的经济效益并非政府投资考虑的首要目标。当然，也有些投资可能是国家出于长期经济效益的考虑而进行的（如大型基础设施投资）。这些投资符合国有资本投资的界定，但周期一般很长，经济效益并不明显，我们将这些处于国有资本投资和政府投资交集的投资仍归入政府投资范畴。

（3）就投资内容而言，国有资本一般投资于经济效益较好、本金回收期较短的行业，而政府投资的主要领域则是建设周期长、资金回笼慢、经济效益较差的领域；此外，国有资本投资有时还会涉及资本市场，而政府投资一般不涉及资本市场。

（4）投资方式上也存在一些差异。国有资本投资可以以货币、股权、无形资产或固定资产等方式进行投资，而政府投资一般是以货币性的财政拨款方式进行。

1.2 国有资本存在与发展的理论依据和现实意义

早期主流的西方经济学家几乎无不信奉亚当·斯密所谓的"看不见的手"，他们相信只有市场才能解决经济中的各种问题，因为市场能够自发性地实现资源的最优配置，而政府最多只是履行好其"守夜人"的职责就可以了，无须干预经济。然而，西方资本主义国家一次又一次的经济危机和经常性的经济结构失衡证明了市场并非万能，市场也有其脆弱性和缺陷，并且这种缺陷是根本无法通过市场本身的修复机制来解决的。信奉市场万能的自由主义经济学家不愿意承认这一点，他们声称经济中出现的结构性失衡只是暂时的，即便没有政府的干预，市场终归会自己进行调整和修复，从而达到稳定的均衡状态。法国经济学家伊萨（J. B. Say，1803）甚至在其著作《政治经济学概论》中提出了"供给会自动创造需求（supply creates its own demand）"的理论，而且该理论被多数经济学家推崇备至。但是，马克思最先发现了经济运行过程中的总量失衡是根本无法通过市场自身力量得到恢复的，并指出了经济危机和总量失衡的根本原因在于资本主义的生产资料的私人所有与社会化大生产之间的矛盾。因此，马克思提出的解决办法就是消灭私有制、消灭市场，而以国家所有和国家计划经济替代私有制和市场。之后，20 世纪 30 年代，英国著名经济学家凯恩斯在其著作《就业、利息和货币通论》（1936）中对总量失衡现象进行了新的研究，得出了与马克思相同的结论，即市场根本无法通过自身的力量恢复均衡状态，并提出了有效需求理论；凯恩斯本人凭借该理论确立了在经济学界的地位，并开创了一个新的经济学流派——凯恩斯学派①。20 世纪 30 年代后凯恩斯学派的盛行为国家干预经济奠定了坚实的理论基础。此后，国家干预经济成了一种普遍的现象，纯粹的私有资本"一统天下"的局面也随之结束，取而代之的是国有资本和私人资本共同存在和发展的混合经济。

20 世纪 30 至 70 年代，全球范围大规模的国有化运动和政府投资的日益频繁进一步增强了政府在经济活动中的作用，并且在特殊时期（如经济危机和金融危机等）国家对经济的干预也确实起到了拯救性的作用。新凯恩斯学派代表人物斯蒂格利茨从市场失灵的角度论述了政府投资对经济的重要作用，并指出政府投资一方面可以稳定经济，有效缓解经济波动的负面效应，另一方面可以促进社会资源再配置，从而提高社会经济效率。

新凯恩斯学派出现以后，诸多研究者都以市场失灵为出发点从不同的角度对国有经济、政府投资等领域进行了相关研究。但这些研究并未体现社会主义市场经济中国有资本投资的独特作用和意义，也未从社会发展的现实角度考察社会主义市场经济中的国有资本存在和发展的依据。

---

① 作为当时非主流的经济学理论，凯恩斯的有效需求理论并不为大多数人所接受。因为凯恩斯所强调的政府干预经济的思想与当时主流的放任主义思想是背道而驰的，甚至一度被认为是资本主义社会的异端，凯恩斯本人也一度被怀疑为社会主义者。但是 1929 年的世界经济危机无情地推翻了自由主义经济学家所建立的美妙的理论，也粉碎了市场万能的神话。面对这场突如其来的危机，他们的理论显得无所适从，唯一能做的就是等待，等待市场能够在自我修复中复苏。然而，市场最终没能自我拯救。此时欧洲的失业率已高达 30%，一边是被倾倒的牛奶，一边是饥饿惶恐的人群；与此同时，就在大洋彼岸的美国，由于总统罗斯福接受了凯恩斯理论，一场号称"凯恩斯革命"的活动正在如火如荼地进行。这场活动的深刻意义并不在于它拯救了美国经济并为"罗斯福新政"提供了新的经济治理依据，而是它颠覆了长期以来一直统治西方经济学界的自由主义经济思想，并打破了传统经济理论对国家干预的思想束缚。

1.2.1 国有资本存在与发展的理论依据

1.2.1.1 马克思的国家权力学说

马克思的国家权力学说的基本思想源自其对政治权力和财产权力的分析。马克思指出："在我们面前有两种权力，一种是财产权力，也就是所有者的权力；另一种是政治权力，即国家权力。"① 马克思将财产权力从复杂的社会关系中抽离出来，并将其界定为与国家政治权力相对应的一种权力，只不过两者产生的基础并不相同。前者的权力来源于生产资料的所有权，即私有制；后者的权力基础是国家政权和国家意志。而资本主义社会的国家政权和国家意志又是以私有制为基本价值取向的：资本主义的国家政权是以维护资本主义私有制为根本目标，并体现资本私有的国家意志。也就是说，无论财产权力抑或国家权力，其性质归根结底取决于生产资料所有制，有什么样的所有制，就会有什么样的国家权力和财产权力。

按照马克思国家权力学说的基本思想，我们也可以将两种权力置于社会主义市场经济进行分析和探讨②。首先，社会主义生产资料公有制决定了国家可以同时具有两种权力（政治权力和财产权力）。政治权力归国家所有，这一点毋庸置疑；至于财产权力，国家同样也可以凭借生产资料所有者的身份获取，也就是说，国家可以同时凭借两种不同的身份（社会管理者和财产所有者）获取这两种权力。其次，从社会资源配置效率和"两权分离"的角度来讲。社会主义市场经济条件下，为了发挥市场资源配置的基础作用，就必须贯彻"政企分开"的原则。这就要求国家必须将两种身份、两种角色进行分离：由国家行政管理部门专司社会管理职能（拥有国家政治权力），而由国有资产管理部门（国资委）专司国有资产所有者职能（拥有国有资产财产权力）。这便是所谓的"政资分离"，其实质也就是对国家政治权力和财产权力的厘清与分离，也是第一层次的"两权分离"。最后，在对国家政治权力和财产权力厘清的基础上，我们对财产权力进一步细分，也就是进行第二层次的"两权分离"。国有资本的终极所有权归国资委，这一点已经明确，但是在国有资本经营管理过程

---

① 《马克思恩格斯选集》第 1 卷，人民出版社，1972 年，第 170 页。

② 正如前文我们对资本的分析，马克思认为资本是一个仅属于资本主义社会的历史范畴，但是，我们用发展的观点论述了资本不仅可以属于资本主义社会范畴，也可以属于社会主义市场经济的范畴，只是两者的性质不同而已。同样，马克思的两种权力概念也一样可以存在于社会主义市场经济。当然，其性质是社会主义公有制基础上国家的政治权力和财产权力。社会主义公有制的国家性质保证了两种权力的全民所有性和公平性：无论是国家政治权力还是财产权力，都归全体人民公平享有，而国家则是全体人民集体意志的统一。

中涉及的资本权能（占有、使用、收益、处分）的进一步分离（即所有权与经营权的分离）却是国有资本委托代理及国有资本监管与经营的一个难题①。

秉承马克思国家权力学说的基本思想，我们认为，国有资本作为国家财产权力的集中体现，与国家政治权力一样有着存在和发展的理论根源：社会主义国家凭借生产资料的财产权力获取利润，用以发展和壮大社会主义国有经济，并为社会主义经济和社会发展提供强大的物质基础。

1.2.1.2 产权理论

产权（property rights）是一个法学范畴的概念，其本质是一种财产权利，是由财产所有权及其衍生权利所构成的一组财产权能，具体包括所有权、占有权、使用权、收益权、处置权、经营权、管理权、分配权等。关于产权概念的界定，从不同的角度出发就会有不同的认识。伊特韦尔认为，产权是一种通过社会强制力实现的对某种经济物品的多种经济用途进行选择的权利②；登姆塞茨认为，产权是指其所有者所拥有的以特定方式行事的权利，是一种能帮助其所有者形成与他人交易时合理预期的社会工具③。以法权形式体现的经济资源所有制关系的产权制度安排，有效地规范和巩固了商品经济中的财产关系，保证了经济资源的合理配置。实际上，产权概念在法学领域的成功运用决定了它被引入经济学领域并广泛用于经济理论分析绝非偶然，这是因为，经济学研究的起点是资源的稀缺性（scarcity），而产权概念所隐含的关于财产权能的制度安排和法律保护则正好与经济学所强调的资源稀缺性不谋而合，因此，产权概念在经济学领域的"开花结果"只是个时间问题，直到产权理论应运而生。

产权理论（property theory）的创始者可追溯至制度经济学派的鼻祖罗纳德·科斯（Ronald H. Coase）。科斯正是借助交易成本这一理论工具，揭示了产权制度安排对资源配置的影响，指出了产权制度对经济效率的重要作用④。

---

① 由于本书重点并非在此，我们不就此展开进一步的论述，而且有关国有资本委托代理和监管的相关研究成果也颇为丰富。

② 伊特韦尔等：《新帕尔格雷夫经济学大辞典》第3卷，经济科学出版社，1996年，第1101页。

③ 登姆塞茨：《关于产权的理论》，载于《财产权利与制度变迁》，上海三联书店，1996年，第179页。

④ 按照科斯的交易成本理论，当交易成本为零时，无论产权如何界定，市场机制都会使资源配置达到最优状态。只要交易成本为零，产权制度对经济效率的影响也为零；当交易成本大于零时，不同的产权界定会导致不同的资源配置效率。只要交易成本大于零，那么产权制度就会对资源配置效率产生影响。然而，交易成本为零的状态只会在理论中出现，现实社会中任何交易行为的成本都不可能为零，并且一定大于零。也就是说，在现实社会中，由于交易成本大于零，不同的产权制度安排会影响社会资源的配置效率。正因为如此，合理的产权制度安排就显得尤为重要了。

沿着科斯的足迹,后来的经济学家进一步完善了产权理论。产权制度本质上是由资源稀缺性决定的,它是人们在使用稀缺物时所发生的与他人的一种行为关系或制度安排。这也正如阿尔钦所言,一个社会中的稀缺资源的配置本质上就是对使用资源权利的安排。一般来说,财产关系的制度变迁定然会影响人们的行为方式,并通过对其行为的影响来改变资源配置、成果产出和收入分配等。因此,产权理论的首要任务就是要证明并阐述产权的内容和形式将以何种特定的和可预期的方式影响资源的配置和使用。

由此可见,产权理论实际上是对所有制理论的深层研究,其重要意义在于阐述了所有制界定的重要性。但是中性的产权理论却并未说明究竟哪种所有制结构更具经济效率。换言之,产权理论仅仅只是强调合理的产权制度的重要性,却并未说明私有制和公有制的经济效率孰高孰低,并且我们也未从任何有关产权理论的公正的研究结果中发现私有制就一定比公有制经济效率高的论述①。

从产权理论的角度来说,无论私有制还是公有制,只要产权界定是科学合理、清晰明确的,就是有效的。因此,在社会主义公有制结构下,只要我们能科学合理地界定国有资本的产权边界,那么国家所有的国有资本的效率并不必然比私有制下的私人资本低。我们相信,随着国有资本体制改革的逐步推进以及社会主义法制建设的日益完善,国有资本一定能发挥它应该发挥的作用。

1.2.1.3　国家财务理论②

所谓国家财务,是指"国家以生产资料所有者的身份,为实现组织经济

---

① 这并不像有些人所说的那样,公有制的效率就一定低于私有制。对两种所有制的经济效率进行的研究绝大部分都不是公平、公正的。将西方发达国家的私有制的经济效率直接拿来与公有制国家的经济效率进行的对比(无论规范的还是实证的),我们认为都是违反公平原则的。这是因为西方发达国家在工业化水平、资本存量、教育程度以及法律制度的健全性等方面都普遍高于公有制国家,而这些因素也同样是影响经济效率的重要因素;此外,即便单纯地从产权理论的角度来说,西方国家的法律制度普遍更健全、更完善,也会使西方国家的经济效率高于公有制国家。也就是说,造成这种结果的根本原因并不是所有制结构本身,而是其他客观因素的差异。

② "国家财务"的概念最早由郭复初教授提出。早在1986年6月,在南昌举行的"企业财务理论与财务学科问题"研讨会上,郭复初教授就首次提出了"国家财务"的概念。之后,郭复初教授对国家财务进行了系统的研究,如1988年的《社会主义财务的三个层次》(发表于《财经科学》,1988年第3期),1988年的《财务调节与财务控制》(西南财经大学出版社,1988年版),1991年的《论国家财务》(发表于《财经科学》,1991年第3期),1992年的《财政统管的问题与国家财务的独立》(发表于《财经科学》,1992年第3期)和1993年的《国家财务论》(西南财经大学出版社,1993年版),1995年的《国家财务独立与财政理论更新》(发表于《经济学家》,1995年第4期)等。其中,1993年出版的《国家财务论》标志着郭复初教授"国家财务理论"的系统成形与成熟。

活动的职能，对企业或部门的一部分资金和创造的国民收入进行分配与再分配的经济活动，以满足经济发展的物质需要"①。由此我们可以看出国家财务理论至少包括以下三个方面的基本思想：

（1）强调国家的生产资料所有者身份。过去人们一直认为财务仅存在于企业或私人部门，国家（尤其是社会主义国家）是不存在"财务"的，因此很长一段时间，国家财政与国家财务是不分家的②。这种看法实际上混淆了国家生产资料所有者与社会管理者的身份，带来了种种弊端。而国家财务理论的中心任务就是要建立独立的国家财务管理机制，确保国家财务与国家财政的各自独立性，明确国家作为生产资料所有者的身份与其社会管理者身份的相互分离与独立。从这一点而言，国家财务理论的主要观点与马克思国家权力学说的基本思想是高度一致的。因此，我们认为，国家财务理论实际上是对马克思国家权力学说的进一步拓展与具有中国特色的运用。

（2）强调国家的经济职能。既然国家拥有双重身份（生产资料所有者与社会管理者），那么国家就具备双重职能，即政治管理职能和经济管理职能。也就是说，国家一方面可以履行政治职能，管理社会事物，另一方面也可以凭借财产所有者的身份直接参与经济活动，成为经济活动中的参与主体。在参与经济活动的过程中，国家既可以从事一般性的经济生产工作，也可以参与资本的投融资活动，并借此获取相应收益，享有相应权益。在这一点上，国家同其他的民事经济主体并无任何差异。此外，值得特别强调的一点是，在国家参与经济活动时，应将参与部门（国有企业）同经济管理部门分离，并确保各自的独立性，这也就是前文所言的"政企分离"（"政资分离"）。

（3）强调国家参与经济活动的目的。国家参与经济活动并获取相应收益，其根本目的是满足国家经济发展的物资需求，而并非为了利润而"利润"，这样的参与动机与经济活动中其他非国有主体有着本质的差别。也就是说，国家参与经济活动并进行国家财务管理，其参与方式和管理手段符合财务所要求的经济性质，这一点与其他非国有主体是一致的。国家财务活动同样也要追求利

---

① 郭复初：《社会主义财务的三个层次》，载于《财经科学》，1988年，第3期。

② 由于过去相当长一段时期我国理论界沿袭了苏联的财政理论，将社会主义国家财政活动的职能由为上层建筑提供物质基础扩展至为国家经济建设提供资金（属于财务范畴），并认为这是社会主义财政区别于资本主义财政的重要特征（郭复初，1988）。这导致了国家财政职能的无限扩张和"大财政"思想的泛滥，而抹杀了国家财务的客观存在。这种国家财政对企业经济活动（即社会主义财务的第三个层次）的"统收统支"的管理体制，难以适应社会主义商品经济的发展，逐渐暴露出了种种弊端。

润，讲究经济效益，这是国家财务的客观要求，但其动机却并非仅仅为了追求经济效益。或者更通俗地说，追求利润（保值增值而并非利润最大化）仅仅只是国家参与经济活动的手段，而并非最终目的。

国家财务理论的产生、发展与完善，有着深刻的时代背景和现实意义①。20世纪90年代以前，我国理论界普遍认为国家只有财政而不存在财务，财务仅存在于微观主体的逐利活动。国家财务理论不仅将财务由微观领域拓展到了宏观领域，澄清了理论上的认识误区，更重要的是详细论述了国家财务对社会主义公有制经济发展的重要意义，从而为我国社会主义市场经济体制改革和国有资本管理、监督与营运体系的建设指明了方向。

1.2.1.4　社会主义社会化大生产理论探讨

或许我们根本无法穷尽国有资本存在和发展的所有理论依据，但是我们认为，除了市场失灵、财产权力以及国家财务和产权外，还可以从社会主义社会化大生产的角度来探讨国有资本存在与发展的必要性。

从社会主义社会化大生产的角度而言，社会主义市场经济的基本特征仍然是社会主义商品生产与交换，并且随着社会主义市场经济的发展以及社会化分工协作的推进，社会主义社会化大生产也是个必然趋势，而社会主义社会化大生产的发展必然要求有一种力量能够充当"市场指挥者"的角色②，来协调整个社会化大生产的生产、交换、分配等活动。

我们先来探讨为什么社会化大生产的发展必然要求"市场指挥者"的出现。①从商品经济发展的进程来看。正如马克思所言，从人类交换开始的第一天起，商品也就产生了。在后来漫长的商品社会发展过程中，产品生产已不再仅仅是满足于生产者个人所需，而更多是用于交换，产品即商品。到了资本主

---

①　此外，通过对政策性文献的梳理与回顾，我们还发现了一个有趣的现象：国家财务理论的产生、发展和完善与国家经济体制改革步伐以及人们对资本的认知变迁过程极为吻合。例如：1986年郭复初教授首次提出"国家财务"概念并对其基本思想进行了初步阐述。1988年3月，郭复初教授在《论社会主义财务的三个层次》中进一步对国家财务进行了论述。同年5月，国家国有资产管理局（"国资局"）设立方案获准通过；9月，国家国资局和各地方国资局相继成立；到了1993年，《国家财务论》问世，同年党的十四届三中全会通过了《中共中央关于建立社会主义市场经济体制若干问题的决定》，并在该决定中首次使用了"资本"概念，这表明中央政府对国家财务的认识上升到了政策性高度（"资本"属于财务范畴，"资金"属于财政范畴）。因此，国家财务理论的发展与完善有着深刻的时代背景和现实意义。

②　"市场指挥者"是我们所创造的一个新概念。它可能是一种有形的实物，也可能是一种无形的力量。它履行的是一种指挥者的角色，负责协调整个社会经济活动中的生产、交换、消费和分配等，从而使整个社会和谐发展。

义社会，随着社会分工的日益细化以及社会生产能力的飞速提高，大规模的商品生产、交换也已经渗透了社会的每一个细胞。如果将社会比作一部高速运转的机器，社会化大生产则是这部机器的动力装置。那么，又是什么在指挥着这部动力装置有条不紊地工作呢？必然有某种力量在维持这庞大而复杂的动力装置的运转。过去的经济学家一直认为，这种力量就是市场机制本身。也就是说，正是市场机制这只"看不见的手"在指挥着社会化大生产有规律、有节奏地运转，即市场机制充当了"指挥者"的角色。②从社会主义社会化大生产的角度来说。随着社会主义生产力和生产效率的提高以及社会分工协作的日益完善，组织、协调社会主义社会化大生产和谐有序地进行，也客观上需要"市场指挥者"。那么，究竟谁能充当"市场指挥者"呢？

接下来，我们要讨论的第二个问题就是"市场指挥者"的角色该由谁承担。长期以来，西方经济学家将这个重任交给了市场，他们认为市场机制完全可以通过那只"看不见的手"来指挥社会化大生产的进行，该生产什么、何时生产以及如何生产等都可以由"看不见的手"来指挥。但是，这只"看不见的手"却经常会有指挥失灵的时候，生产过剩、结构失衡和经济危机等就是其指挥失灵的现实表现——市场似乎真的"失明"了，全然"看不见"这只手的指令了。正是因为这样，马克思才提出了消灭市场、用国家计划取代市场的建议，这便是社会主义国家实行了若干年计划经济的最深层次的理论依据（耿明斋、李燕燕，2003）。那么，国家（或政府）又是否能承担"市场指挥者"的角色呢？由国家统一计划、统一安排生产和消费确实能够解决市场不能解决的一些问题，但同时也带来了不少负面效应，如经济效率低下。此外，国家计划也无法完全了解市场需求的每一个细节，即便能了解，当市场信息反馈到国家，再通过国家指令下达到各部门时，市场情况早已发生了变化。也就是说，国家无法穷尽一切手段去了解市场所有细节，也无法穷尽一切力量去把握市场的瞬息万变，更无法穷尽一切智慧去做到指挥的万无一失。而且，过去计划经济时期的实践也充分证明了用国家计划取代市场、以国家充当"市场指挥者"是很难行得通的，这也便是社会主义国家普遍实行市场化改革的真正原因之所在（耿明斋、李燕燕，2003）。市场有市场的局限，国家有国家的不便。两者之中无论选谁，都无法胜任"指挥者"的角色。

那么，究竟谁可以胜任？我们认为应该是国有资本。一方面，国有资本属于社会主义市场经济范畴，是社会主义市场经济的重要参与者，广泛分布在社会经济活动的细胞中，对市场信息具有精确的捕捉能力和高效的反应能力；另一方面，国有资本采用的是市场化的运作机制，它在市场中的运行完全符合市场规律，不会造成行政干预的不良后果。此外，国有资本能够体现国家的经济意图，反映国家的经济意志，从而有效避免市场机制的局限性；同时，由于国有资本具有在社会主义市场经济中的重要地位以及其对市场的重大影响力，完全可以发挥其应有的指导意义和指挥作用。因此，我们认为国有资本可以充当"市场指挥者"，国有资本的存在和发展是社会主义市场经济的必然要求。

1.2.2　国有资本存在与发展的现实意义

通过以上分析，我们认为国有资本的存在与发展有着科学的理论依据和严谨的逻辑基础，并且通过对国有资本现实的考察，不难发现在中国经济和社会高速发展的背后，正是国有资本中流砥柱般的存在，才确保了社会主义市场经济的健康稳定。尤其是在 2008 年的金融危机中，国有资本所表现出的强大的风险抗击能力，更是再一次用现实证明了国有资本（或国有企业）对于社会主义市场经济的重大贡献和不可或缺性。即便在经济形势严峻的 2008 年①，53 234 家国有企业（一级企业）实现营业收入 229 363.5 亿元，比上年增长 14.2%，实现利润 13 307.4 亿元；在 53 234 家企业中，有 28 988 家企业实现盈利，盈利面达 54.5%；国有企业资产也实现了 19.9% 的增长，其中净资产增长率达 15.1%；在国有资本发展和增长的同时，还带动了社会资本的发展（为 33 588.1 亿元，比上年增长达 16.6%）。并且更为重要的是，在金融危机的考验下，国有资本并未如私人资本和国际资本纷纷选择裁员方式来度过"寒冬"，而是以强烈的社会责任感认真履行了企业社会责任。为贯彻党中央保民生、保就业、保稳定的精神，国有企业尽可能不裁员，全面平均从业人员达 3 658.7 万人，仅比上年减少 0.2%；全面平均在职人员达 3 530.7 万人，比上年增加 0.2%②。

"在历史罕见的挑战和风险面前，中央企业作为'共和国长子'，勇敢地挑起了重任，付出了极大的努力，做出了重要的贡献。中央企业用自己的行动再次证明，中央企业是党和国家靠得住、信得过、拉得动、打得赢的队伍，是

① 2008 年中国经济经受了最严厉的考验：低温雨雪冰冻灾害、汶川特大地震以及金融危机等自然灾害和经济灾害。但随后，中国经济超凡脱俗的表现"惊艳"了世界，再次证明了社会主义市场经济的勃勃生机。究其原因，我们认为，这得益于中央政府在重大经济领域的有效的控制力和决断力，而中央政府一系列决策的贯彻与执行，是离不开国有资本（或国有企业）的。

② 以上数据均来源于董敏《国有经济及中央企业经济运行情况综述》（载于张德霖主编：《2009 中国国有资产监督管理年鉴》，中国经济出版社，第 34-37 页）。

共和国的支柱和脊梁。"① 从这个角度来看，作为"共和国长子"的国有企业（国有资本的主要载体），的确在大灾大难面前发挥了支柱性作用，体现了脊梁精神，支撑了中国经济平稳较快发展，并积极履行了相应社会责任，再次用行动证明了国有企业的重大现实意义。

无论从理论依据还是现实意义的角度而言，国有资本不会也不能全面退出经济领域；并且国有资本结构调整要继续按照"有进有退"的战略部署，该进的进、该退的退，继续向关系国计民生的重要领域和关键行业集中，进一步发挥国有资本对社会主义市场经济的支柱性作用。

1.3 国有资本在社会主义市场经济中的特征与功能

1.3.1 国有资本在社会主义市场经济中的特征

正如前文所述，社会主义市场经济中的国有资本既有资本的一般属性（资本增值特征），又有其区别于一般资本的特殊属性（国有资本的社会特征）。这两种属性是矛盾的。按照资本增值的一般属性以及追求利润最大化的资本原始动机，国有资本应当以利润为首要目标，并且在追求利润过程中，也应追求利润最大化，这一点应该是与其他资本一致的；但是，国有资本的社会特征又决定了国有资本不应以利润最大化为首要目标，因为国有资本还应承担相应的社会职能，集两种特征于一身的国有资本在目标上是矛盾的。但是从另一方面来说，这两种属性又具有统一性（见图1-5）②。国有资本的增值特征与社会特征的统一，决定了国有资本不能像私人资本那样以利润最大化为首要目标，而必须在矛盾统一中为自己开辟道路。

---

① 2008年12月25日，国务院原国资委主任、党委书记李荣融在中央企业负责人会议上的讲话《挺直脊梁向前走，调整优化上水平》（载于张德霖主编：《2009中国国有资产监督管理年鉴》，中国经济出版社，第3-10页）。

② 实际上，按照马克思辩证唯物法，矛盾统一是事物的普遍属性。一物之所以是它自己本身而区别他物，是由其自身内在的特殊矛盾所决定的。而矛盾的对立统一性又决定了事物的矛盾统一。

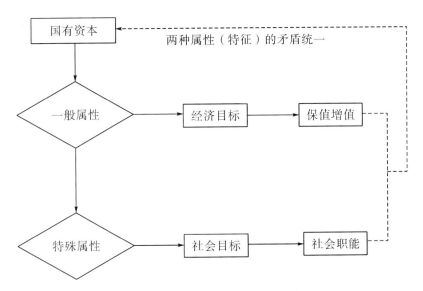

图 1-5　国有资本双重目标的矛盾统一

我们要特别强调的是，国有资本的保值增值目标并非单纯的利润最大化，这与其他社会资本是有着天壤之别的。即便在一般情况下，国有资本也不能一味地追求利润最大化，保值增值才是首要目标。所谓保值增值，我们认为，就是在满足国有资本投资过程中的资本补偿（保值）的前提下获取合理的利润（增值）。

首先，对国有资本投资的本金所进行的补偿（保值）是任何经济活动和资本投资的起码要求，如果无法对本金消耗进行相应补偿，那么任何经济活动都无法周而复始地循环（经济活动的周转性），经济发展也将无法持续。

其次，所谓合理的利润，我们认为可以以行业平均利润（或回报率）为参考。如图 1-6 所示，Q 点是国有资本一般属性线（P 曲线，该曲线与一般资本的利润最大化曲线正好吻合）与国有资本特殊属性线（S 曲线）的交点，该点是国有资本追求一般目标和特殊目标的均衡点，也就是说，在该交点上国有资本既完成了保值增值目标，也履行了社会职能。QB 所代表的就是国有资本所获取的利润，即 $C_1 - C_0$。该部分利润并非追求利润最大化的结果，而是合理的资本补偿与回报。成本线 C_0 所代表的是资本投资的最低补偿要求，因此对于一般资本来说，其利润最大化的轨迹（P 曲线）不可能在 C_0 线以下，即 P 曲线的起始点应为 A 点。从 A 点到 Q 点的过程，是一个以追求利润为主要目标的过程（也就是前文所说的一般情况），从 Q 点向 C 点（及 C 点以下）运动的轨迹则是一个以追求社会效益为主要目标的过程。而 SQ 和 PQ 部分实际上是并不存在的部分，是我们为了图形的完整和直观而作的反向延长线。也就是说，国有资本的运动曲线实际上应该是 AQC 部分（C 以下的部分更多的应该是财政支出的范围）。图中阴影部分，表示的是国有资本过度承担社会职能所造成的政策性亏损，但根据前文所述国有资本与财政支出的关系，我们认为，严格来说这种亏损不应由国有资本承担，而应有财政支出承担。换言之，C 以下部分应该是财政支出的运动区域。因此，将图 1-5 与图 1-6 结合起来进行分析，图 1-5 的一般属性实际上也就是图 1-6 中的 S_0S_1 部分（或 AQ 曲线），而图 1-5 的特殊属性则应该是图 1-6 中的 S_1S_2 部分（或 QC 曲线）。

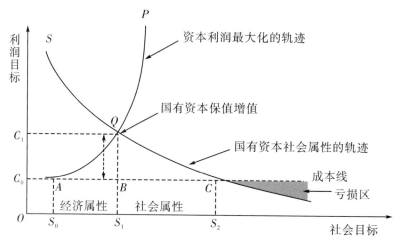

图 1-6　国有资本的保值增值与社会职能履行

国有资本的双重属性是由国有资本特殊的所有权（国家所有）所决定的，这就要求国有资本在追求保值增值的基础上，按照国家利益的需要，借助国有资本投资与经营活动完成国家的经济、社会和政治任务。国有资本的双重属性，既体现了国有资本的资本性和公共性，也体现了国家的经济和政治意图。因此，我们认为对国有资本的评价不应仅局限于经济性，而应多方位、多角度地进行研究和探讨。

1.3.2　国有资本在社会主义市场经济中的功能

1.3.2.1　资本积累功能

资本积累从根本上说是劳动的积累。根据马克思劳动价值理论，不管劳动随人类社会发展和分工细化的程度变化有多大，也仅仅只是劳动本身在内容或形式上的演化与扩展，而不会改变劳动的本质属性，更不会改变劳动创造价值的基本原理（盛毅，2002）。也就是说，资本积累，不管任何形式的资本（国有资本、私人资本等），其增值过程（或利润创造过程）实质上是对劳动成果不断积累并资本化的过程。

国有资本的积累功能，一方面体现出资本的一般积累功能，即通过不断的资本周转和资本增值将国有企业职工所创造的剩余价值转化为新的资本（资本增值部分）并以资本存量的形式进行累计和存储，实现由资本流量向资本存量的转化（见图7-1）。另一方面，社会主义经济活动中的国有资本积累又有着区别于一般资本的资本积累特征：一般资本积累的最终形式是资本所有者的物质财富，并为其生活消费和其他方面的支出提供物质基础；而社会主义的国有资本最终转化成了社会主义国家的财富（也有一部分通过利税形式转化成了国家财政收入），并用于社会福利的改善和国家竞争力的提升。而且，国有资本在社会主义发展的不同时期也会呈现不同的特征和不同的积累方式。例如，在新中国成立之初，国有资本严重稀缺的初始约束条件成了国家重工业优先发展战略实施的最大障碍。在这个时期，国家采取了大规模的国有化措施（通过对官僚资本的没收、民族资本的公私合营等手段），解决了重工业发展的"瓶颈"；随后，在计划经济时期，国家则通过对工业部门的低工资和农业部门农产品的价格剪刀差[①]，将来自工业生产部门和农业生产部门的劳动创造的剩余价值转移到中央和地方财政手中，从而实现国有资本的积累功能[②]；改革开放以后，随着社会主义市场经济的建立与完善，国有资本的积累功能更多地体现在与国际接轨的市场化运作方式上。

[①] 1953 年，国家开始实行主要农副产品的统销统购政策。在这种政策下，大部分农副产品的定价权实际上都是由国家所垄断。国家通过压低农副产品价格并有意识地提高工业产品价格的方式，使农业生产部门的剩余价值向工业部门集中，从而有效地保证了工业基础薄弱时期的国有资本积累。而且低廉的农产品购销价格也为城市提供了源源不断的廉价的食品供应，这就解决了工业部门低工资政策下的职工生活问题，客观上也就为低工资政策的顺利推行扫清了障碍。此外，在农产品价格剪刀差政策条件下，为保证农业部门的生产（为工业部门提供廉价原材料并为城市职工提供廉价生活物资供应），国家实行了严格的户籍管理政策，防止农村人口向城市流动，以最大限度地确保在工农产品不等价交换的背景下农业生产部门的劳动投入。相关论述请参阅罗绍德等：《国有资本的双重隐性负债分析》，载于《财经科学》，2010 年，第 4 期。

[②] 正如前文所述，在计划经济时期，国家财政统揽了国家经济活动的各个方面，因此，计划经济时期的国有资本积累更多地体现为中央和地方财政收入的增加。

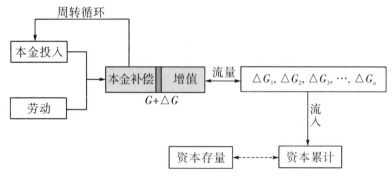

图 1-7　资本循环与资本积累

1.3.2.2　宏观调控功能

国家对经济的干预和调节在任何政权和意识形态条件下都是必不可少的，即便是西方资本主义国家也从未放弃过国家对经济活动的干预（尤其是"凯恩斯革命"以后）。在社会主义市场经济下，国家不可能再像计划经济时期那样通过行政指令或行政干预来调节国家宏观经济和社会总供求，因为国家对经济活动的干预必须符合社会主义市场经济的内在规律。市场机制对社会供求关系的引导，决定了资本、技术和人才的流向，也决定着经济发展的方向。但是，市场并非万能，市场总有失灵，在市场机制引导社会资源流动的同时，由于市场趋利性的存在，也带来了诸多负面效应，如过度投机、资本无序竞争、经济过热、发展不平衡等。这就导致国家干预经济成为必然，而作为国家干预经济的常用手段，宏观调控成了除市场机制之外的另一种有效机制。

作为国家宏观调控的有力工具，国有资本能够很好地执行国家的调控意图，引导社会资本向国家政策主导产业和国家战略调整行业流动，从而推动产业结构优化升级。并且还可以通过国有资本投资的"反周期"操作来对冲经济波动对宏观经济的冲击，从而达到宏观调控的目的。具体而言，当经济处于低迷期时，可以通过大规模的国有资本投资来拉动经济（金融危机时期的实践证明了这一点）；当经济处于过热状态时，又可以通过抑制国有资本投资（当然还可以采用其他宏观调控手段，如紧缩的财政政策和货币政策）来使其"降温"。此外，还可以通过国有资本对关系国计民生和国家战略的重要物资（如粮食、原油、药品和经济住房等）的投资与储备来控制与平抑物价。

1.3.2.3　政权稳定功能

一般来说，国家政权的维系依赖三种力量：一种是国家机器，一种是经济基础，还有一种则是意识形态①。作为暴力工具的国家机器，为"国之利器"，只在特殊时期才会动用；而潜移默化的意识形态的形成在很大程度上又受经济基础的影响。因此，我们认为，经济基础对于上层建筑的国家政权的维系是最根本的。而作为社会主义公有制经济的物质基础，国有资本毫无疑问就是社会主义政权的物质基础。正是对关系国计民生行业和重要领域的国有资本的控制，才保证了社会主义经济基础的公有制性质，从而巩固了人民民主专政的社会主义政权的稳定性。如果没有国有资本的存在，如果国有资本被全盘私有化，国家将无法掌控经济命脉，无法确保政权稳定。这正如江泽民同志在纪念中国共产党成立七十八周年座谈会上所说的："不加区分、不加限制地将国有资产大量量化到个人，并最终集中到少数人手中，那样我们的国有资产就有被掏空的危险，我们的社会主义制度就会失去基础。那时，中国将会是一个什么样的局面？我们靠什么来坚持社会主义制度，靠什么来巩固人民的政权，靠什么来保证实现全体人民的共同富裕？"

此外，按照马克思主义哲学的一般原理，经济基础对上层建筑起着决定性作用。作为上层建筑的国家政权的稳定，离不开经济基础的支持；而作为国民经济支柱的国有资本，实际上也起到了稳定社会主义政权的作用。

1.3.2.4 经济助推与民生改善功能

在市场经济中，存在着内在经济和外在经济两种经济类型。所谓内在经济，是指经济活动的结果仅由产权主体所承受或享有，而不涉及他人。内在经济最基本的特征就是私人边际成本和私人边际收益与社会边际成本和社会边际收益相等，因此不会产生所谓的外部效应。与内在经济相对应，外在经济的活动结果则往往会"外溢"，会使其他非产权主体受益（正外部效应）或受损（负外部效应），它意味着竞争市场中的价格并不反映产品生产的社会边际成本，即私人边际成本与社会边际成本不一致，以及私人边际收益与社会边际收益不一致。

外在经济的存在，导致了单纯地依靠市场机制进行资源配置的非现实性，公共品和准公共品的提供、投资周期过长、投资风险过大的非公共物品的生产等都无法完全依赖市场机制。这是因为，公共品和准公共品的外部性的存在以

---

① 如果将国家比作一棵大树，那么，国家机器则是树干，起着支撑性作用；经济基础则是树根，起着固定作用，并为大树（国家）提供养分（物质支持）；而意识形态则是树的气孔，看不见、摸不着，但它又时时刻刻影响着大树的呼吸。对于国家政权的维系，国家机器是最直接的力量，经济基础是最根本的力量，而意识形态则是最无形的力量。

及产权难以清晰界定，使得市场机制难以将社会资本引导至该领域；而投资周期长、风险大的非公共物品虽然不存在外部性问题，但过长的盈利周期和过大的不确定性往往会超出社会资本的心理承受底线，也同样使得该领域无人问津。但是，对这些领域的资本投资又是必不可少的，因为这些领域为社会和经济的发展提供了基础性作用。

通过国有资本在上述领域的投资，一方面可以弥补社会资本在这些领域的投资不足，加强国家基础设施建设，为社会资本发展提供良好的物质基础，从而促进社会发展和经济增长；另一方面，可以降低风险系数，吸引社会资本进入，从而达到引导经济发展方向、提高经济增长质量的目的。并且从更长远的角度来看，国有资本投资不仅能够助推经济长期增长，提高宏观经济效益，而且能够缓解经济长期增长过程中周期性波动所导致的负面效应和社会问题（如结构性失业等）。此外，国有资本在其他领域（如竞争性领域）投资所获取的收益，可以转化为国家税收和财产性收益，增强国家财力和国民财富，提高国家竞争力，改善国民生活和福利状况。

1.3.2.5 国际竞争功能

国家间的竞争归根结底是综合实力的竞争，是经济实力、科技实力、人才实力、创新实力等方面的综合因素的竞争。国有资本在经济领域的投资，可以发挥基础性作用，促进经济发展，提高国家经济实力。而国有资本在科技领域的投资，一方面可以提高科技领域的基础设施配置，加大基础理论研究，加快科技创新能力的培养；另一方面还可以通过提升理论研究水平，并通过发挥国有资本的"技术扩散中心"功能，大幅度地提高全社会的科学技术实力。

在经济实力方面，截至 2021 年，有 96 家中国国有企业进入世界 500 强行列，这表明以国有资本投资为主要资本来源的大型国有企业的国际竞争实力正在逐步提升。在科技创新方面，截至 2021 年，国有资本科技研发支出达 9 045.9 亿元，同比增长 16.1%，完成固定资产投资（不包括房地产投资）3.2 亿元，同比增长了 10.1%。

在技术创新与技术攻坚方面，国有资本投资取得了一批世界级科技成果，增强了我国综合实力。在载人航天、深海探测、高速铁路、高端装备、能源化工、移动通信、北斗导航、国产航母、核电等领域涌现出一大批具有世界先进水平的标志性重大创新成果。

所有这一切无不表明国有资本投资在提升国家综合竞争能力方面的卓有成效的功绩，而这一切如果完全依赖市场调配、社会资本投资，是很难做到的。

因此，我们可以认为，国家综合国力的大幅提升、国际地位的明显提高以及国际事务话语权的显著增强，在一定程度上得益于国有资本在重要行业和关键领域的成功投资。

1.4 本章小结

通过对资本范畴的历史考察和理论探讨，我们明确了社会主义市场经济中同样可以存在资本，并且社会主义市场经济中的资本不仅具有物质性（为社会主义市场经济发展提供资本积累和财富积累）也具有社会性（体现社会主义公有制经济下的人与人之间的平等的社会生产关系），这与亚当·斯密、庞巴维克等经济学家所研究的资本概念有着本质的区别，当然也不同于马克思所探讨的资本主义经济中的资本概念。马克思通过对资本主义经济中资本的深入研究，得出了资本是掩盖在资本主义的物的表象下的社会生产关系，是资本主义经济制度与经济权力的体现，是物化资本奴役"活劳动"的工具。

马克思认为资本是特属于资本主义社会的历史范畴，因此导致了后来的社会主义经济学家和研究者对资本概念的回避。但是，舍弃"资本"概念并用"资金"等概念取而代之，无法合理诠释社会主义市场经济，并在一定程度上制约了社会主义市场经济的发展。直到 1993 年 11 月，党的十四届三中全会顺利通过了《中共中央关于建立社会主义市场经济体制若干问题的决定》，并首次使用"资本"一词，才将被禁锢了多年的资本概念从历史中解禁。这种破冰之举，极大地解放了理论界对资本范畴的思想认识，并且随着资本概念在党和国家重要政策文献中的频频"亮相"，对社会主义市场经济中资本的重新认识和理论探讨也取得了重大理论突破。随着人们对社会主义市场经济中资本认知水平的逐步提高，国有资本概念也随之产生了。

国家所有的国有资本，是国家财产权力的体现，与国家财政有着本质差异。前者是国家凭借生产资料所有者的身份（财产权力）获取的相应的财产性收益，而后者则是国家以社会管理者的身份（政治权力）来获取的强制性的税收。计划经济时期"大财政"的种种弊端证明了国家财政与国家财务分离的必要性，并且随着社会主义市场经济的发展，过去"财政统管"的方式也越来越显得不合时宜了，因此国家财务独立也就成了一种符合市场规律和国际惯例的必然趋势。从 1988 年"国资局"的成立（1998 年机构改革时被撤销）到 2002 年"国资委"的组建，表明了社会主义市场经济体制改革过程中有关国有资本领域实践的艰难探索和迂回曲折，同时也从实践的角度证明了国家财务从国家财政中独立出来的科学性。正是有了马克思国家权力学说、国家财务独立论和以产权理论为基础的理论，才确立了国有资本存在与发展的合理性；而金融危机和国有企业改革实践则从现实意义上证明了国有资本对于社会主义市场经济的重要作用。

作为资本的国有资本，一方面具有资本的一般属性（资本增值特征），而另一方面由于资本所有者（国家）的特殊身份，不能像其他社会资本那样以利润最大化为基本目标，在追求保值增值的基础上还承担着相应的社会职能。国有资本双重属性的矛盾统一决定了国有资本必须以独特的方式发展，而国有资本发展的独特路径则是通过经济属性和社会属性的目标层级划分来确定的。

最后，在对国有资本双重属性进行理论分析的基础上，我们又对国有资本在社会主义市场经济中的功能进行了论述。这些功能既有资本的一般功能（积累功能），又有特殊的功能（宏观调控功能、政权稳定功能、经济助推与民生改善功能、国际竞争功能）。

2 国有资本投资综合效益的含义与决定性因素

2.1 国有资本投资综合效益的含义

2.1.1 效率与效益

效率（efficiency）与效益（benefit）是两个相互联系、相互区别的概念，但是在大多数情况下，人们都将它们视作同一概念。即便在学术研究中，我们发现很多研究者也并未明确两者之间的区别，甚至有研究者将两者之间的相互关系进行了错误的阐述。

"效率"这个概念，溯本逐源，最早应该来源于自然科学领域，后来才进入经济学的视野并广泛运用于社会科学领域。所谓效率，是指有用功在总功中所占的百分比，或单位时间内完成的工作量①。对效率概念的这种解释几乎是最为通用的一种解释方式。通过这种解释我们发现，效率实际上度量的是一种投入与产出之间的关系。后来，经济学家借鉴了效率的计量思想，将其运用于经济生产领域，并用以计量经济资源的投入与产品产出之间的关系。例如，马克思在其著作《资本论》（1867）中就具体论述了经济效率的衡量标准，并明确提出了经济效率可以通过劳动生产率和利润率来进行度量。随着经济研究由微观领域向宏观领域的拓展，微观经济主体的运行效率已不再是主流经济学家所关注的重点了，他们将目光聚集在了社会资源的运行和配置效率上，并提出

---

① 中国社会科学院语言研究所词典编辑室：《现代汉语词典》（第 5 版），商务印书馆，2005年，第 1504 页。

了帕累托经济效率概念①。帕累托效率的分析方法提供了最具综合性的经济研究工具，它将经济资源的配置方式、生产过程的组织形式和产品的分配状况等因素都纳入了统一的分析框架②。因此，在对经济运行状况进行分析时帕累托效率成了最为常用的指标，并且绝大多数的经济学家也将效率定义为"社会从现有资源中取得最大的消费者满足的过程"③。此后，随着经济学流派的"枝繁叶茂"和研究视角的多样化以及分析工具的推陈出新，对经济效率的界定也呈现出多样化的局面，如全要素生产率（TFP）（Fabricant，1954；Robert Solow，1957；Kendrick，1961；Denison，1974，1979）以及 Harvey Leibnstein（1966）的"X-效率"和 Farrell（1957）的技术效率等。

相对于效率概念而言，效益的范畴可能更为宽泛，它可以泛指一切行为或决策的"效果和利益"④，而不再局限于从投入和产出的角度来衡量行为或决策的后果，并且这种"效果和利益"也不仅指经济方面的，还可以是社会方面的、政治方面的，可以是有形或无形的、可量化的或不可量化的等。效益概念不仅可以用于经济领域，还可以用于社会领域、政治领域；不仅可以是物质上的有形的利益和效果，还可以是非物质的无形的利益等。也就是说，效益概念还可以用于其他更为广泛的领域。因此，我们认为，相对于效率而言，效益应该是一个内涵更为丰富的概念。

正是基于此，我们意识到，对国有资本的考察与评价，不能仅从经济指标（或效率指标）入手，而应从更具广泛意义和综合意义的角度对其进行全面考察，任何"盲人摸象"式的臆测或"以管窥豹"式的妄论都只能触及国有资本"真实面貌"的冰山一角。

---

① 帕累托效率（Pareto efficiency）由意大利经济学家菲尔弗雷多·帕累托（Vilfredo Pareto，1897）所提出。所谓帕累托效率，又称帕累托最优（Pareto optimality），是指在某种资源配置状态下，如果不存在其他生产上的可行配置，使得该经济中的所有个人至少和他们初始状态下的情况一样良好，并且至少有一个人的情况会比初始状态时更好，那么这种资源配置就是最优的。也就是说，当且仅当该经济系统中没有任何一种可供选择的可行的状态在不损害他人处境的情况下，至少能使任何一个人的境况变得更好，那么此时的资源配置状态就是有效的并且是最优的。

② 李文溥：《论经济分析中的效率评价标准与价值评价标准》，载于《经济研究》，1996 年，第 12 期。

③ 萨缪尔森、诺德豪斯：《经济学》（第 16 版），华夏出版社，1999 年，第 218 页。

④ 中国社会科学院语言研究所词典编辑室：《现代汉语词典》（第 5 版），商务印书馆，2005 年，第 1504 页。

2.1.2　国有资本投资综合效益

鉴于以上所述的理由，我们打算从综合效益的角度对国有资本进行多维度、多视角的探讨，并且在充分考虑国有资本经济属性和社会属性的基础上，主要从经济效益和社会效益两个角度对国有资本在社会主义市场经济中的经济功能和社会功能进行定性与定量分析。

所谓国有资本投资效益，是指因国有资本投资所产生的效果与利益，这种效果不仅体现在经济上，更体现在其他方面，如社会发展、民生改善等。并且作为国家所有的资本，国有资本投资的目标当然不仅仅限于获取经济利益，尤其是当国家经济实力达到一定程度之后。作为国家的经济工具，国有资本投资所影响的，当然也并不局限于经济领域，因为这种投资效应可以通过一系列的复杂的社会传递机制来影响国家政治、社会生活等。这也进一步佐证了我们对国有资本独特的考察视角的合理性。下面我们对国有资本投资效益（经济效益和社会效益）进行经济学理论分析。

图 2-1 描述了国有资本投资的经济效益和社会效益之间的经济学关系。首先，我们对经济效益曲线（EB 曲线）和社会效益曲线（SB 曲线）进行初步解释。随着国有资本投资规模的逐渐增加，EB 曲线与 SB 曲线呈现先增后减的趋势，这主要是由效益的边际递减规律导致的。EB 曲线的起始点从坐标原点（O 点）开始，到达 M 点时，经济效益为最大（B_2），此时边际效益 MR 为 O。SB 曲线的起始点为 I_1 点，因为社会效益不像经济效益是"立竿见影"的，社会效益的产生往往有赖于大量的初始投资积累。在未达到初始投资需求之前，社会效益较小，换言之，产生社会效益的初始投资需求要大于产生经济效益（对初始投资的需求），其差额正好就为 I_1。随着 SB 曲线的运动，SB 曲线会与 EB 曲线相交于 C 点（即 M 点的右侧），此时，EB 曲线已呈现下降趋势（即随着投资规模的增加而减少，主要原因是 MR<0），而 SB 曲线还呈现缓慢的上升趋势（还未达到最大值，MR>0）。这主要是由于产生社会效益所需要的投资规模要远远大于经济效益对投资的需求量，所以 SB 曲线的最大效益应该在 I_4 右侧，要远大于 EB 曲线的最大效益 I_2。其次，我们再对两条直线（OM 线和 OA 线）进行分析。OM 线的斜率所表示的是 M 点（EB 曲线的效益达最大值）的单位效益 B_2/I_2；同理，OA 的斜率所表示的是 A 点的单位效益，同时由于 OA 与 SB 曲线相交于 A 点，故 D 点的单位效益与 A 点的单位效益相等。

D 点的单位效益是 SB 曲线中最大的，而该点的斜率要小于 OM 的斜率。也就是说，在 C 点之前，曲线 EB 上任意点的斜率都要大于曲线 SB 上所有点的斜率，即在 C 点之前，单位经济效益总要比单位社会效益大，这同样还是因为社会效益的投资规模要比经济效益所需投资规模大得多。这实际上也就表明，在经济效益达到最大之前，EB 曲线与 SB 曲线不可能相交，即两曲线只可能相交于 M 点右侧。最后，我们对 C 点进行分析。两曲线相交于 C 点后，SB 曲线仍将继续增加，但边际效益 MR_{SB}（此时 $MR_{EB}>0$）呈现递减趋势，即 MR_{SB} 逐渐向 0 接近；EB 曲线则急速下降（此时 $MR_{EB}<0$）。如图 2-2，在 C 点，单位经济效益与单位社会效益相等，过 C 点之后，单位社会效益将大于单位经济效益。也就是说，当投资规模达到一定程度之后，单位社会效益开始呈现，而单位经济效益则开始衰减。造成这种情况的原因也同样是产生社会效益所需投资规模要比产生经济效益所需投资规模大得多。也就是说，国有资本在社会效益方面的投资（如基础设施建设投资、民生工程投资以及社会生态环境投资等）是一个资金需求量巨大、见效极为缓慢的过程。图 2-2 展示了国有资本单位经济效益与单位社会效益之间的相互关系。

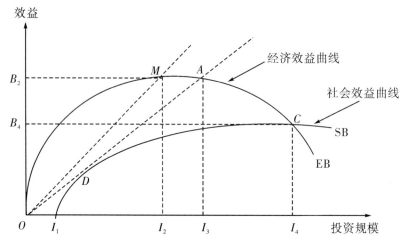

图 2-1　国有资本投资的经济效益与社会效益

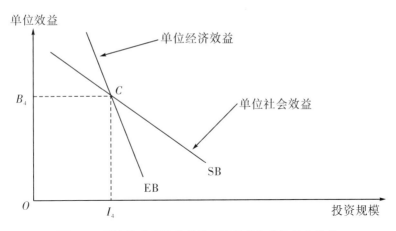

图 2-2　国有资本投资的单位经济效益与单位社会效益

　　正是国有资本所有者（国家）身份的特殊性决定了国有资本无法像私人资本那样仅以单纯的经济效益为基本目标追求。国有资本在追求保值增值过程中还必须承担相应的社会职能，这在一定程度上会不可避免地造成其经济效益的损失。因此，我们认为有必要从综合效益的角度探讨国有资本投资的后果，而不应仅以经济效益（或经济效率）为唯一考核目标。以经济效益为唯一考核手段的直接后果就是国有资本将不再履行社会职能，而以追求经济利益为唯一目标；并且，这种"唯利"性的观点实际上也隐含了一种潜在的论述，即既然国有资本投资仅以经济效率论"英雄"，那么最好的办法就是将国有资本的社会职能彻底剥离，而剥离社会职能最有效的手段肯定是私有化，因为只有私人资本才完全不承担任何社会职能。换言之，仅从效率角度去研究国有资本，实际上在理论和逻辑起点上就陷入了私有化的必然圈套。这也是为什么绝大多数研究者在研究国有资本效率时，会得出国有资本效率低下的结论，从而为私有化的鼓吹者提供了所谓的"理论支持"。事实上，这种所谓的"理论支持"在逻辑起点上就存在着片面性和误导，它们甚至可能是精心策划的"结论陷阱"。因此，我们一再强调对国有资本的考察不应从片面的经济效率入手，而应从综合效益的角度来综合考察其经济效益和社会效益。

2.2　国有资本投资综合效益的决定性因素分析

2.2.1　经济性因素：国有资本保值增值

2.2.1.1　资本原始动机驱动下的利益诉求

资本逐利的天然本性以及其对利润与生俱来的灵敏的"嗅觉"，决定了资本注定不是慈善家手中的"面包"。资本的每一次运动实际上都带有明显的"利润冲动"，如果没有来自利润的天然的诱惑，资本可能宁愿在静止中"死亡"，也不会选择周而复始的运动，因为资本的运动必然伴随着资本损耗和风险。因此，从资本损耗和风险补偿的角度来看，作为一种推动经济发展的基本的物质力量①，资本运动的最基本的利益诉求必须得到满足，否则资本运动将难以进行。并且按照现代资本与投资理论，资本投资的合理回报中应当包含无风险回报和风险溢价回报两个部分。其中，无风险回报是资本作为一种生产要素投资于无风险领域所要求的最低补偿。但是正如前文所言，资本运动始终伴随着不同程度的风险，真正无风险的投资领域在现实中是不存在的。既然投资总有风险，那么从风险补偿的角度来看，资本回报必然要求对其所承担的风险进行补偿和回报②。

属于资本范畴的国有资本，理所当然，首先应该具有资本的一般属性，即保值增值。资本的原始本能决定了利益因素必须是其要考虑的问题，而无论资本所有权归谁。比如：私人所有的私人资本，其投资动机可能更为单纯，利益动机可能也更为强烈和明显；而国有资本，由于其社会属性的存在，其投资效益不能仅以利润指标为主。因此，在对国有资本投资效益进行考察时，决定了国有资本的经济性因素是必须充分考虑的。忽略国有资本经济性因素的直接后果就是国有资本投资的低效率性，这也是过去国有资本和国有企业一直被指责、被质疑的重要原因。也就是说，国有资本投资效益的考察必须首先考虑经

---

　　① 作为一种基本的物质性生产要素，资本的确起到了对经济的推动性作用，这是一个不可否认的客观事实。当然，如果从资本本性的角度来考察，也许这并非资本运动的初衷。但是，撇开资本运动的内在动机，仅从其客观结果来看，资本在逐利的过程中，确实对经济和社会发展起到了很大的推动作用。

　　② 按照资本资产定价模型（CAPM，W. F. Sharp，1964；J. Lintner，1965；J. Mossion，1966），资本投资收益由无风险收益和风险溢价收益构成，即：$r_i = r_f + \beta_i(r_m - r_j)$。其中，$r_f$ 是指无风险回报，$\beta_i(r_m - r_f)$ 是指风险溢价回报。

济性因素，不讲成本利润的投资不是严格意义上的国有资本投资，而是财政性投资（支出）。

2.2.1.2 社会总生产良性循环条件下的客观需求

前文我们从资本的内在动因考察了国有资本投资经济效益的利益诉求，下面我们将从社会总生产的角度考察国有资本投资的经济性因素。

我们简单地将社会分成生产和消费两大部门，又将生产部分划分为农业生产部门和工业生产部门。整个社会实际上是在生产与消费的良性循环中获得了稳定发展的机会。过度生产或过度消费，要么导致社会总生产过剩，要么导致社会总供给不足。如图 2-3 所示，A_0 是社会总供给与社会总需求的均衡点，在此点上社会总供给正好等于社会总需求（Q_0），社会生产与消费恰好处于平衡状态，此时 $R=D=Q_0$；当产品价格为 P_1 时，社会总需求为 Q_2，而社会总供给为 Q_1，显然要 Q_1 大于 Q_2，即社会生产过剩；当价格为 P_3 时，社会总需求为 Q_3，而社会总供给为 Q_4，Q_3 大于 Q_4，即社会总供给不足，社会物资供应匮乏。

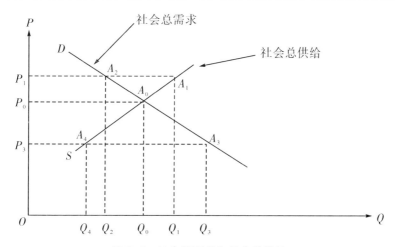

图 2-3　社会总需求与社会总供给

下面我们着重就生产部门的社会总生产关系进行分析和探讨。为了便于分析，我们将农业生产部门和工业生产部门的相互关系简单地界定如下：农业生产部门的产品被分成两部分，一部分用于消费（如提供生活所需的食物），另一部分则为工业生产部门提供原材料；而工业生产部门的产品也被分为两部分，即一部分用于继续生产（如生产出的机器、工具等），另一部分则用于消费，如图 2-4 所示。假设社会总投入资本额为 G_0，其中农业部门的资本投资比重为 w_0，工业部门的资本投资比重为 w_1，且 $w_0+w_1=1$，那么农业部门的初始资本投资为 w_0G_0，工业部门的初始资本投资则为 w_1G_0。农业部门的产品产出（output$_{Agr}$）分别为用于社会消费的 C_{Agr} 和用于工业生产的原材料投入 I_{Agr}；工业部门的产品产出（output$_{Ind}$）分别为用于社会消费的 C_{Ind} 和用于继续生产的 I_{Ind}。

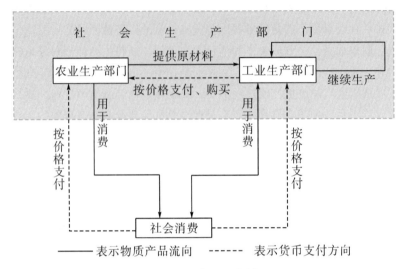

图 2-4　社会总生产循环

根据上述条件，则有如下关系式成立：

对于农业生产部门有 output$_{Agr}$ = C_{Agr} + I_{Agr} 和 w_0G_0 < output$_{Agr}$ 成立，对于工业生产部门则有 output$_{Ind}$ = C_{Ind} + I_{Ind} 和 w_1G_1 < output$_{Ind}$ 成立。

同时，有 output$_{Agr}$ = w_0G_0 + ΔG_{Agr}^1 和 output$_{Ind}$ = w_0G_0 + ΔG_{Ind}^1 成立，其中 ΔG_{Agr}^1 和 ΔG_{Idu}^1 分别表示初始投资（第一次投资，上标 1 表示投资次数）的资本增值（利润）部分。对资本投资经济效益的考察实际上也就是对 ΔG^n 的考察，即对第 n 次投资的增值部分进行考察。也就是说，只有当 ΔG^n > 0 时，投资才是具有经济效益的，整个社会的总生产才能良性循环，否则社会生产循环的链条必然会断裂。当然，正如前文所述，资本投资的原始动机肯定是以 ΔG^n > 0 为条件的，但由于风险的存在，现实的投资结果如何往往取决于资本投资者决策的正确性、投资环境的可测控性等多种因素。

通过以上分析，我们发现，国有资本投资效益的经济性决定因素实际上是由国有资本的一般属性（保值增值）所决定的。也就是说，国有资本投资效益的经济性决定因素本质上与其他社会资本（如私人资本）没有差异，国有资本也一样有资本内在的利益诉求以及对社会总生产良性循环的客观要求。但是，由于国有资本特殊属性的存在，我们在对国有资本投资效益进行考察时不能像考察私人资本那样仅从利润（或增值）的角度（即仅从经济效益角度）去考察，还必须将社会效益的考核纳入国有资本投资效益的全面考察体系。

2.2.2 内生性因素：国有资本的规模效应

规模效应是一个来自经济学的概念，是指生产规模的变化所导致的生产效率的变化。规模效应包括规模经济和规模不经济。规模经济是指随着规模的扩大，生产的单位成本会随之降低，而经济效率会随之增加；反之则是规模不经济。如图 2-5 所示，在达到 S_2 规模之前，随着规模的不断扩大，经济效率会逐渐增加，但是由于受到边际报酬递减规律的限制，经济效率会在 C 点达到最大值 E_1。C 点之后，随着规模的扩大，经济效率会呈现下降趋势，此时若再扩大规模，会导致组织成本、信息成本等因素的增加，从而制约组织规模的进一步扩张。规模经济既受外部环境影响，也受制于内部条件。一般来说，外部环境主要是指社会经济发展状况、市场发育水平等，因为不同的经济发展水平下资源价格、技术水平、管理水平等都不相同，对经济规模的要求也不尽相同，所以适用于发达国家的经济规模不一定就适用于发展中国家。而市场发育状况对经济规模的影响主要是通过市场容量和交易效率等因素来传导的，不同的市场容量会导致劳动分工深化程度的差异，从而影响专业化和规模化程度；而交易效率主要由信息流通渠道、传递速度以及运输成本等交易性因素所决定。

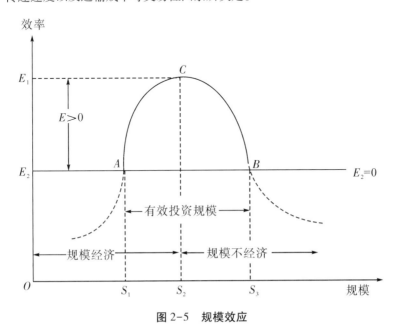

图 2-5　规模效应

规模效应发挥作用的内部条件主要包括管理水平、产品生产特点和竞争力等因素。经济规模直接受管理水平的约束，随着规模的不断扩大，要素组合的复杂程度也逐步提高，对管理水平的要求也更加提高。产品的生产特点和所处行业的特征也决定了经济规模。例如，自然垄断行业产品的生产特征和行业特点导致了其生产的经济规模要比自由竞争行业的规模要求高很多。产品的竞争力实际上是规模经济效益发挥作用的基本需求。

规模效应所导致的生产效率的提高会直接反映到国有资本投资效益上。尤其是在基础设施行业和资本需求量较大的行业，国有资本的规模经济体现得更为明显。因此，国有资本规模是国有资本投资效益的一个重要的内生影响因素。当然，这并非意味着国有资本规模越大越好，我们认为，国有资本应当有一个合理的规模和生存边界，而国有资本规模的选择，又在很大程度上受稀缺资源在国有资本和非国有资本之间配置状况的影响。如果将所有社会资源以国有资本方式来配置，过于庞大的国有资本规模不仅不符合规模经济要求，而且还会带来组织成本的激增和信息传递的过度损耗等诸多不利因素，从而降低国有资本运行效率。如图2-6所示，MR_1 和 MR_2 分别代表国有资本边际收益与非国有资本边际收益，MC_1 和 MC_2 分别代表国有资本和非国有资本的边际成本。正如前文所述，由于国有资本社会职能的存在会在客观上导致其边际收益小于非国有资本边际收益（即 $MR_1<MR_2$），同时其边际成本又要大于非国有资本边际成本（即 $MC_1>MC_2$）。受边际效益递减和边际成本递增规律影响，MR_1 和 MR_2 两条曲线呈单调递减趋势，而 MC_1 和 MC_2 两条曲线则单调递增。根据经济学原理，只有当边际收益等于边际成本（即 $MC=MR$）时，收益达最大。因此，国有资本的最佳规模应该为 A（此时，$MC_1=MR_1$），而 B 则为非国有资本的最佳规模。

此外，对于稀缺资源在国有资本和非国有资本之间的最佳配置规模，我们可以从微观经济学的效用分析的角度来进行探讨。我们假设，社会总资本存量为 S，国有资本存量规模为 S_1，非国有资本规模为 S_2，则有 $S_1+S_2=S$ 在任意条件下总成立，即无论国有资本规模或非国有资本规模如何确定，上述关系式总成立。假设存在一组无差异曲线，在任意一条无差异曲线上，无论国有资本和非国有资本规模如何组合，给所有国民带来的效用水平（TU）不变，即国有资本（或非国有资本）规模的相对变动并不改变其效用水平，要求解国有资本最佳配置规模。实际上这就是一个效用最大化的命题，因此我们可以将条件

改写为

$$\mathrm{Max}E(\mathrm{TU})$$

$$\mathrm{s.\,t.} \quad S_1 + S_2 = S$$

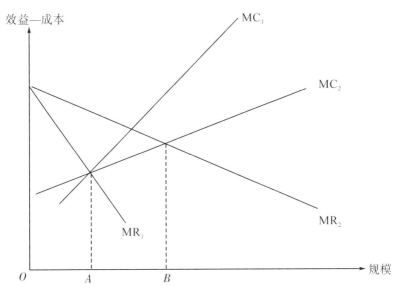

图 2-6　国有资本的生存边界与合理规模比例

　　在预算线 $S_1 + S_2 = S$ 的约束条件下，要求解 $\mathrm{Max}E(\mathrm{TU})$，我们以图 2-7 进行分析。如图 2-7 所示，AB 为预算线，在 AB 任意点上都满足 $S_1 + S_2 = S$ 的约束条件，TU 为一组等效用曲线（无差异曲线），在 TU 上的无论国有资本和非国有资本如何组合其效用总相等。要使所有国民的效用水平 E（TU）达最大值，根据经济学原理，只有当 AB 与等效用线相切时才能满足条件。此时预算线 AB 与等效用曲线 TU_1 相切于 Q 点，对应的国有资本最优规模即为 S_1。假如将 AB 线向上平移 N 个单位，则 A_1B_1 会与 TU_2 曲线相切于 Q_1 点，此时对应新的最优规模（S_1^1），并且显然 $\mathrm{TU}_2 > \mathrm{TU}_1$，即当国有资本规模由 S_1 增加为 S_1^1 时，社会总效用会由 TU_1 增加至 TU_2。但这并不符合 $S_1 + S_2 = S$ 的约束条件，因为将预算线由 AB 平移至 A_1B_1 实际上意味着约束条件人为地由 $S_1 + S_2 = S$ 转变成了 $S_1 + S_2 = S + N$，也就是将社会总资本的初始存量由 S 人为地增加成了 $S + N$。因此，将 AB 平移至 A_1B_1 只是一种假想状况，除非社会总资本规模能由 S 增加至 $S + N$。换言之，随着社会总资本规模的增加（由 S 增加为 $S + N$），相应地，国有资本最优规模也应由 S_1 增加至 S_1^1。

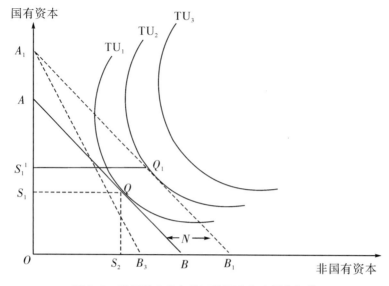

图2-7　效用最大化条件下的国有资本最优规模

2.2.3 治理性因素：国有资本的公司治理

作为现代企业制度两权（所有权与控制权）分离条件下的一种有效的制衡机制，公司治理（corporate governance）为生产经营和资本运作提供了一种有效的组织形式和制度安排。它很好地解决了企业契约缔结①过程中由信息不对称（information asymmetry）所导致的委托代理问题，从而能从分权制衡的角度提高组织效率。一般来说公司治理包含两个方面的内容：治理结构（governance structure）和治理机制（governance mechanism）。治理结构实际上是由股东、董事会和经理人员所组成的一种组织结构（吴敬琏，1994），在这种组织结构中明确地规定了三者的权力划分和相互制衡。按照世界经济合作与发展组织（OECD）所公布的《OECD 公司治理结构原则》（1999），公司治理结构包括公司管理层、董事会、股东和其他利益相关者之间的一系列的关系，它可以通过公司所追求的发展目标以及实现这些目标所需的手段和对公司绩效的监督为公司运作提供一套完整有效的组织架构。治理机制是指在一定的治理结构安排

① 契约理论认为，企业的本质是理性的利益相关者为了扩展个人理性所采取的一种合作方式，而这种合作方式则是由一系列契约的缔结（nexus of contracts）所构成的耦合体，是由股东、经营者、债权人以及雇员等利益相关者在一定约束条件下追求个人效用最大化的结果。但由于各相关利益者相互制衡关系的存在，这种局面正好也就形成了一种博弈，而且必须是一种合作博弈（cooperative game），否则企业将不复存在。

下所采用的一系列的具体的措施与手段。具体而言，治理机制又包括四个方面：监督制衡机制、代理权竞争机制、外部接管机制和激励机制。公司治理的双维坐标与基本模型如图 2-8 所示。

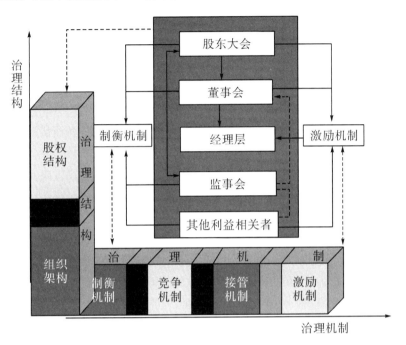

图 2-8　公司治理的双维坐标与基本模型

　　在复杂的市场经济条件下，无论多么完美的治理机构和治理机制的设计，由于信息不对称客观存在，受知识结构、专业分工等因素的限制，同时管理当局受托责任（accountability）履行情况难以直接测度或测度成本，所谓的代理成本会不可避免地产生①。并且，如果国有资本代理层次过多、链条过长（图 2-9），会造成委托代理契约中的信息不完全现象以及由此所诱发的"内部人控制"。因此，从国有资本委托人的角度出发，我们认为，有必要设计一种监督和激励机制或契约，以解决两权分离背景下的国有资本委托人与受托人之间的目标分歧所导致的逆向选择和道德风险（moral hazard）问题，从而提高国有资本效益。

---

　　①　所谓代理成本，是指缺乏有关代理人努力程度与客观状态的有用的信息所导致的企业权益的损失（Jensen & Meckling, 1976），而公司治理的最终目标实际就是设计有效的治理机制与治理结构来尽可能地降低代理成本，从而提高企业效率。

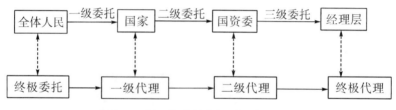

图 2-9　国有资本的多级委托代理关系

结合前文所述的国有资本经济效益和社会效益来分析。从目前国有资本经营考核体系来看，国有资本的经理阶层（内部控制人）当然不希望国有资本履行社会职能，因为这会降低其经济效率，从而影响其考核结果；然而从国有资本终极所有者（终极委托人）的角度来看，他们当然希望国有资本尽量履行社会职能，因为只有这样，作为国有资本终极委托人的全体人民才能最大限度地享有国有资本投资带来的社会福利。委托人与受托人之间的利益追求分化会反映在国有资本投资决策上，而委托人（无论是终极委托人还是直接委托人）在此博弈中往往处于不利位置（信息劣势），所以最终国有资本投资或经营在很大程度上反映的是受托人的意志，即决策行为是从受托人利益最大化角度做出的。从委托代理和公司治理的角度来看，就是要建立有效的监督与激励机制，防止受托人的短期行为对委托人利益的损害，并且从公司治理的内部制衡的角度入手来确保受托人对尽职尽责地创造与维护委托人利益，从而从治理性因素上提高国有资本投资效益。

我们采用博弈和经济学的分析工具，从委托代理和公司治理的角度对国有资本投资效益曲线进行研究和探讨。正如前文所言，国有资本投资和经营决策实际上体现的是委托人和代理人之间的合作博弈过程。从委托人的角度来讲，他总是希望国有资本投资和经营向着有利于自己的方向倾斜；而从代理人的角度来看，他也有着明显的动机且有着充分的条件做出有利于自身利益的决策。双方的利益追求过程实际上是在既定的监督与激励机制（考核机制）的条件下展开的博弈，监督与激励机制的初始条件的改变会直接导致博弈结果和博弈均衡的改变。图 2-10 表示的是在埃奇渥斯盒状分析工具下的国有资本投资效益曲线的决定过程。A 代表终极代理人的经理层，B 代表终极委托人的全体人民，图中实线代表 A 的效用曲线，虚线则代表 B 的效用曲线。在既定的监督与激励机制（考核机制）下，A 和 B 按照各自的效用最大化目标进行博弈。根据经济学原理，当两者效用曲线相切时，两者共同的效用最大化，由此确定了国有资本的效益曲线。现在如果我们改变初始条件，将考核指标由经济效益指标转向社会效益指标，则会使埃奇渥斯方盒更加扁平化（即纵轴缩短、横轴加长），从而使原有国有资本效益曲线更加平缓。

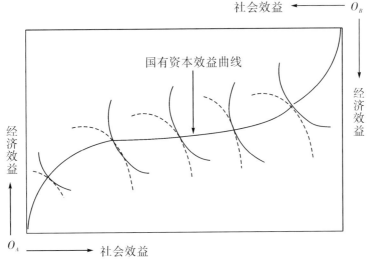

图 2-10　埃奇渥斯盒状分析工具及国有资本效益曲线

2.2.4　配置性因素：国有资本的产业分布与区域分布

国有资本的配置性因素是指国有资本在不同产业（行业）和不同地理区域的分布差异所导致的国有资本投资效益差异。首先，从产业分布的角度来看，由于国有资本的产业配置不仅要考虑经济效益，还要考虑国家产业政策以及国有资本的产业配置引导作用，国有资本投资效益的评价就不能仅以单一企业或某一行业的国有资本效益为基准，而应充分考虑国有资本产业分布的宏观经济效益[①]。国家应从国民经济整体利益的角度出发，将国有资本配置到具有宏观经济效益的领域（如私人资本无力或不愿进入的行业），从而促进社会经济的健康发展。此外，为避免资本的恶性竞争和无序竞争，可以通过国家主导、市场引导将国有资本配置到自然垄断领域或高新产业以及国家战略行业，充分发挥国有资本的规模效应，并为社会资本的发展提供基础性物质支持，使国有资本的宏观经济效益和社会福利效益最大化。其次，从国有资本的区域分布来看，国有资本在不同区域进行的投资具有明显的"外溢效益"，不仅能促

---

①　刘元春在《国有企业宏观效率论——理论及其检验》中（载于《中国社会科学》，2001年第5期），分析了国有企业（国有资本）微观经济效益低下的客观原因，并在此基础上对国有企业的宏观效率问题进行了相关论述。

进该地区的经济发展，而且能明显改善当地民生和社会福利水平①。并且，国有资本的区域配置差异会一定程度上导致地区间的发展差异，甚至还有可能会引致地区经济发展的"马太效应"。因此，国家在对国有资本进行投资和配置时，除了要考虑产业分布外，还会从平衡经济发展和社会发展状况的立场出发，将国有资本投资于经济相对落后、基础设施相对较差的地区。从纯粹的经济效益的角度来看，这种投资可能并不"合理"，但是从国家宏观效益的角度来讲却是合理的、值得的。

国有资本产业分布除了会直接影响其投资效益外，还能直接体现国家产业政策取向，带动技术创新，促进产业结构变化和优化升级②，并引导社会资本流向国家产业政策所倾斜的行业和领域，从而达到国家产业结构调整和优化升级的战略目标。更重要的是，能够通过国有资本产业结构和分布状况的调整，迅速提升国家竞争能力，并能在一定程度上弥补市场机制在产业结构调整中的"反应滞后"和其他缺陷；同样，国有资本的区域分布不仅会影响国有资本投资效益，如果分布不合理还会出现"极化效应"（polarized effect）③，进一步加剧区域发展的不平衡，并导致国有资本投资的区域公平状况恶化，制约国家整体实力的提高。因此，为推动区域经济均衡发展、可持续发展，就必须依赖国家干预（而非市场机制），利用政策优惠和国有资本投资倾斜，引导经济资源向欠发达地区流动，从而形成"国有资本投资引导→社会资本跟进→技术、人才流入→经济社会发展→资本流入"的良性循环和高效的经济增长与社会发展路径。如表2-1所示，我国的国有资本固定资产投资大部分集中于东部地

---

① 资本投资对经济增长的巨大贡献已取得了研究者的普遍认可，但是有关国有资本投资对经济增长（尤其是社会发展）的相关影响却鲜有涉猎者。我们认为，国有资本投资不仅会对经济增长产生作用，而且还能通过经济增长带动社会发展，并且还可以通过国有资本在社会发展和民生领域的直接投资来促进区域社会发展和福利水平提高。

② 从根本上讲，产业结构变化的本质原因是生产技术和生产方式变革所导致的。当生产技术发展到一定程度之后，可以通过资本投资的有意识的转移和调整，加快产业结构调整升级。然而，社会资本对产业结构升级似乎并无多大兴趣，它们关注的更多的是盈利。这样，国家可以通过对国有资本投向的有意识的调整，并结合市场机制，将社会资本从需调整或淘汰产业引入重点和战略产业。

③ 由各种原因导致的地区间的发展不平衡以及初始禀赋差异，在市场力的作用下会进一步拉大而不是缩小。一旦这种差距形成，发达地区会获得积累的竞争优势，并在以后的发展过程中不断积累有利于自身发展的因素，钳制落后地区的发展，导致落后地区不利因素的累积。这便是所谓的极化效应。当然，极化效应也并非绝对的，与极化效应相对应的是"涓滴效应"。涓滴效应是指发达地区与落后地区的差异形成后，两地间购买力差异的存在以及欠发达地区存在的"人口红利"会对发达地区的资本产生一定吸引力，吸引其投资，而落后地区向发达地区的移民和人口流动，会提高落后地区的边际劳动生产率和消费水平，从而带动落后地区的发展。

区，而中西部地区的投资则明显少于东部沿海地区，这种国有资本投资的非公平性以及政策优惠在地区间的差异在一定程度上造成了东西部地区经济和社会发展的不均衡①。然而，2000年后，国有资本投资开始向中西部地区缓慢倾斜（东部地区的国有资本投资由2000年的53.52%下降至2001年的51.37%，而中西部地区的比重则分别由2000年的24.85%和16.02%上升至2001年的25.78%和17.00%），这是国家西部大开发战略和平衡区域经济发展的国家战略的直接反映。

表2-1　国有资本固定资产投资的产业分布与区域分布　　单位:%

年份	产业分布状况			区域分布状况			
	第一产业	第二产业	第三产业	东部地区	西部地区	中部地区	其他
1998	1.31	31.72	66.97	53.64	16.21	23.85	6.29
1999	1.58	30.14	68.29	54.45	16.02	24.00	5.53
2000	1.84	29.21	68.95	53.52	16.02	24.85	5.61
2001	2.12	26.75	71.13	51.37	17.00	25.78	5.85
2002	2.65	26.16	71.20	49.74	17.61	26.03	6.61
2003	1.76	26.32	71.91	52.78	17.63	26.37	3.22
2004	1.29	36.64	62.06	51.55	17.24	27.26	3.94
2005	1.42	36.85	61.73	49.93	17.20	28.37	4.50
2006	1.54	34.48	63.98	46.71	18.63	29.94	4.71

注：本表数据源于王木博士学位论文《国有资本配置效率与公平问题研究》(2009)，第47页。

按照《中国固定资产投资统计年鉴》的划分方法，东部地区包括北京、天津、河北、辽宁、山东、上海、江苏、浙江、福建、广东、广西、海南和重庆13个省份，中部地区包括黑龙江、吉林、内蒙古、山西、河南、湖北、安徽、湖南和江西9个省份，西部地区则是指四川、贵州、云南、西藏、新疆、青海、陕西、甘肃和宁夏9个省份。

---

① 以深圳为例。1979年深圳设立特区之时，其规划人口仅为80万，而到了2009年，其人口规模已突破1400万，地区生产总值总量已超过8200亿元。短短30年间，其经济总量增长了979倍。可以说，是改革开放造就了深圳的发展，并使其由一个的昔日的小渔村一跃成为中国第二大城市（按照中国社会科学院2010年4月发布的《2010中国城市竞争力蓝皮书》，深圳排名第二，仅次于位居首位的香港）。在探寻深圳高速发展的原因时，我们不得不承认，国家投资和政策倾斜起到了至关重要的推动作用。当然，这也符合改革开放之初所确立的"让一部分人、一部分地区先富起来，再带动其他地区发展"的国家战略，并且实践也证明了这个战略的前瞻性和正确性。伴随国家政策向东部沿海倾斜，全国的资金、人才等优势资源也开始聚集于东部地区，并推动东部地区的高速发展，而中西部地区的发展却相对较慢。因此形成了我国经济和社会发展的"东强西弱"的不均衡状态。

2.3   本章小结

在对国有资本进行历史考察、理论探讨和现实分析的基础上，本章着重探讨了国有资本投资效益的内涵及其影响因素。首先，我们对效率与效益的概念进行了具体分析，并明确提出我们所采用的"效益"概念实际上是指国有资本投资的综合效益，它应包含至少两个方面，即经济效益和社会效益。而所谓效率，从已有的研究来看，更多偏重于经济效率，并强调从资源投入与产出关系的角度来对其进行度量。本书提出国有资本投资效益，是在国有资本双重属性分析的基础上，更进一步强调了国有资本投资的综合效益（经济效益和社会效益）；并在此基础上利用经济学分析方法，探讨了国有资本经济效益投资与社会效益投资的相互关系。其次，我们对影响国有资本投资效益的相关因素进行了分析。从基础性因素、内生性因素、治理性因素以及配置性因素四个方面分析了其对国有资本投资效益的影响程度。在基础性因素方面，从资本的一般本性（原始动机）和社会总生产良性循环的角度进行了探讨；在内生性因素方面，主要从国有资本的规模效应以及最优投资规模的确立等角度进行了分析；在治理性因素方面，主要从国有资本的委托代理与公司治理的角度分析了国有资本治理结构对其投资效益的影响；在配置性因素方面，主要从产业分布和区域分布的角度研究了国有资本在不同产业、不同地区间的配置状况所导致的效益差异以及有可能导致的各种其他后果。

3 国有资本投资后果分析

3.1 经济理论分析

3.1.1 前提条件

假设一个封闭的竞争性市场只由居民和厂商构成（出于简化模型的目的），其中厂商又由国有资本投资部门和私人资本投资部门构成，并且模型框架中所谓的居民是由无数个同质、理性且具有无限期特征的经济主体构成（将居民作为一个人类整体来对待，人类延续是居民无期限特征的主要表现形式）。在这个模型框架中居民既是生产者也是消费者：居民通过将储蓄资产提供给厂商而获取资本性收益 i，通过将人力资本投入厂商所组织的生产活动而获取工资 w，另外居民还可以将其非工作时间（闲暇时间）分为两部分，一部分时间用于娱乐休闲，另一部分时间则用于学习或继续接受教育以提高人力资本质量。我们首先运用拉姆齐模型将居民储蓄率内生化：从短期来看居民储蓄率 s 是稳定的，但是从长期来看，s 则与经济增长 y 和人口自然增长 h 以及居民消费 r 存在关联。在居民无期限特征假设下，由于居民以固定增长速度 h 增长，将初始状态的居民规模正规化后，则经过期限 t 后，居民规模为 $G(t)=e^{nt}$。根据居民理性假设，居民消费的根本目的是追求其存续期（t）内效用最大化，那么居民消费的目标函数即为

$$\max U = \int_0^\infty U[r(t)]e^{nt} \cdot e^{-\delta t}\mathrm{d}t$$

$$\text{s.t.} \quad s(t) \cdot i(t) + w(t) = n \cdot s(t) + r(t) + \Delta s(t) \tag{3.1}$$

式中，δ 为消费效用的贬值率，且存在 $\delta>0$；$e^{-\delta t}$ 表示居民消费效用的时间偏好；$s(t)$ 为人均储蓄资产规模；$i(t)$ 为储蓄资产收益率；$w(t)$ 为工资率；$\Delta s(t)$ 为期限 t 内的人均储蓄资产增长率。

此外，居民消费效用函数还会受限于负债规模，为避免居民利用无限负债维持消费增长，我们假定居民长期人均负债［以 $-s(t)$ 表示］不能超过储蓄资产收益率与人口增长率之差，即有如下关系式成立：

$$i(t) - h \geqslant - s(t)$$

$$\lim_{t \to \infty} e^{-\int_0^t [i(t)-h] dt} \cdot s(t) \geqslant 0 \qquad (3.2)$$

将我们所设定的式（3.2）的约束条件代入式（3.1），并对居民效用函数求解一阶变分，得到欧拉方程与式（3.1）的控制方程，从而能够推出居民最优消费效用的路径分析式

$$\frac{\tilde{r}}{r} = (1/\sigma)(i-\lambda)$$

式中，$\dfrac{\tilde{r}}{r}$ 为最优消费增长率，σ 为风险规避系数，$1/\sigma$ 则为替代弹性，λ 为风险的时间价值折现率。

由此可将居民消费效用函数改写为

$$u(r) = r^{1-\sigma}/(1-\sigma)$$

同时有

$$r(t) = r(0) \cdot \exp\{(1/\sigma) \cdot [i(t) - \lambda]\} \qquad (3.3)$$

式（3.3）中，$r(0)$ 为初始状态的居民消费量。

在对居民行为进行初步假设与界定的基础上，我们进一步对厂商行为进行界定。我们仍然假定厂商（包括国有资本生产部门和私人资本生产部门）处于封闭的竞争性市场状态下，将厂商的生产活动用最基本的新古典生产函数来表示，即 $p=g(\alpha,k,l,t)$。该函数满足连续可微和一阶齐次条件。α 为技术进步函数，并以固定发展速度 φ 增长；同样通过正归化处理后，$\alpha(t)=e^{\varphi t}$；k 为资本投入量，我们假定社会总资本仅由国有资本和私人资本构成，即 $k=k_{\text{state}}+k_{\text{private}}$；$l$ 为居民原始劳动投入，为充分考虑居民继续教育所带来的人力资本质量提高和社会技术进步，我们特意引入变量 l^*，l^* 为含技术进步的劳动投入（或称有效劳动投入），那么则有 $l^* = l \cdot a(t)$。由于变量 l^* 已将技术进步、人力资本积累以及原始劳动投入和时间期限因素纳入框架，因此厂商的古典生产函数可以改写为 $p=f(k,l^*)$。

厂商生产函数是以利润最大化为基本追求的，那么根据厂商生产理论，厂商生产决策的根本依据则是要素边际价格与边际产出相等，即 MP = $\dfrac{\partial^2 f(l^*, k)}{\partial l^* \partial k}$。那么，则有下式成立：

$$\frac{\partial f}{\partial l^*} = f(k/l \cdot e^{\varphi t}) \cdot (l \cdot e^{\varphi t})' + f'(k/l \cdot e^{\varphi t}) \cdot l \cdot e^{\varphi t}$$

$$= e^{\varphi t} \cdot [f(k) - k \cdot f'(k)] \qquad (3.4)$$

式（3.4）表示的是劳动的边际产出。

同时，还会有下式成立：

$$\frac{\partial f}{\partial k} = \frac{\partial f(k/l^*) \cdot l^*}{\partial k}$$

$$= f'(k/l^*) \qquad (3.5)$$

对式（3.4）和式（3.5）进行综合分析，可得厂商最优化决策满足以下条件：

$$f'(k/l^*) = i + \eta$$

$$e^{\varphi t} \cdot f\{(k/l^*)[1 - f'(k/l^*)]\} = w \qquad (3.6)$$

式（3.6）中，η 表示资本折旧率，$i+\eta$ 表示资本租金或资本使用价格，工资率 w 表示劳动的使用成本（或价格）。

3.1.2 理论框架

在上述基本假设条件下，我们分别就居民行为和厂商行为（即国有资本投资行为与私人资本投资行为）进行具体的理论分析。我们先对居民行为的效用最大化函数进行分析。在上述基本假设下，则有如下居民效用函数

$$U = \int_0^{\infty} [(r^{1-\sigma} - 1)/(1 - \sigma)] \cdot e^{-(i-h)t} dt$$

$$\text{s.t.} \quad \tilde{s} = w + s \cdot i - r - h \cdot s \qquad (3.7)$$

式（3.7）中，$\tilde{s}$ 为最优储蓄资产规模，表示居民消费的流量预算对效用函数的约束。同时，式（3.7）还受限于居民负债规模（居民负债的约束函数在本章的基本假设中已做了具体分析）。结合已有分析内容，可以建立哈密尔顿函数

$$H = [(r^{1-\sigma} - 1)/(1 - \sigma)] \cdot e^{-(i-h)t} + \tau \cdot (w + s \cdot i - r - h \cdot s) \qquad (3.8)$$

式中，τ 为哈密尔顿因子。又由式（3.8）可得一阶条件和欧拉方程，即

$$\frac{\partial H}{\partial r} = r^{-\sigma} e^{-(i-h)t} = 0 \qquad (3.9)$$

$$\frac{\partial H}{\partial s} = -(i - h)\tau \qquad (3.10)$$

对式（3.9）关于时间 t 求导，则有

$$\tau = -\sigma \cdot \frac{\tilde{r}}{r} - (\lambda - h) \qquad (3.11)$$

联立式（3.10）与式（3.11），则有

$$\frac{\tilde{r}}{r} = (1/\sigma)(i - \lambda) \qquad (3.12)$$

这与前面的基本假设相吻合，同时也表明居民消费的最优增长率会受到居民储蓄资产回报率 i 和时间偏好 σ 以及消费的跨期替代弹性 $1/\sigma$ 的影响。

在对居民行为进行分析后，下一步的任务就是在前文分析的基础上更进一步对厂商行为进行分析。为简化模型并减少相关运算，我们只是将厂商划分为国有资本投资（生产）部门和私人资本投资（生产）部门，并且两部门的资本存量分别为 k_{state} 和 k_{private}，劳动存量为 l。由于讨论的重点是从资本角度进行的，我们未将劳动存量按国有部门和私人部门进行划分，只是将劳动作为一个整体的、与资本相对应的概念。也就是说，我们将 l 作为一个控制变量，然后再来讨论 k_{state} 和 k_{private} 对产出的影响。我们沿用了巴罗（Barro，1990）和阿萨尔（Aschauer，1990）以及 Fisher（1998）和 Miguel（1997）的基本思想，在规模报酬不变条件下，将厂商生产函数设定为

$$p = f(k_{\text{state}}, k_{\text{private}}, l^*)$$
$$= [\alpha(t) \cdot l]^{1-\beta} \cdot k_{\text{private}}^{\beta} \cdot [k_{\text{state}}^{\frac{1}{\phi(t)}}]^{1-\beta} \qquad (3.13)$$

式（3.13）中，l^* 为有效劳动投入或含技术进步的劳动投入；$\alpha(t)$ 为技术进步函数。同时，根据上文分析，存在 $l^* = \alpha(t) \cdot l$；β 为资本的产出弹性；$\phi(t)$ 为国有资本投资的拥挤系数，且存在 $\dfrac{\Delta k_{\text{state}}/k_{\text{state}}}{\Delta k_{\text{private}}/k_{\text{private}}} \geq \phi$。$\phi(t)$ 所衡量的国有资本投资的有效程度或能量损耗（摩擦）程度受以下三个因素的影响：①国有资本投资过程中的"寻租"行为。在进行具有明显政府导向的国有资本投资过程中，国有资本既未投向具有经济效益的行业和领域以追求国有资本保值增值，也未投向具有社会效益的行业和领域以提高全体居民的社会福利水平，而是通过缺乏监管的"暗箱操作"以资源寻租的方式流到了极少数的个人和特定的利益集团手中。这种明显违反公平竞争原则的非正当的资源流向会极大地破坏国有资本投资的经济效益和社会效益，同时还会对社会公平状况产生实质性损害。②国有资本投资边界的无限扩张。国有资本过度向竞争性领域扩张，会改变国有资本的基本性质，从而造成对私人资本生存空间的侵占，而对资本生存空间的争夺会不可避免地导致两种资本的摩擦，从而造成整个社会资源配置过程中不必要的"内耗"。③国有资本内部的权责不明、治理低效。国有资本内部治理机制的高效与否也会直接影响国有资本拥挤系数。

厂商的生产函数则可以表示为

$$\max \alpha(t) \cdot k_{\text{private}}^{\beta} \cdot k_{\text{state}}^{1-\beta} - w \cdot l^* - (i + \eta) \cdot k_{\text{private}} \qquad (3.14)$$

根据利润最大化和零边际利润条件，可得

$$i + \eta = \frac{\partial p}{\partial k_{\text{private}}} = \alpha(t) \cdot \beta k_{\text{private}}^{\beta-1} \cdot k_{\text{state}}^{1-\beta} \qquad (3.15)$$

根据式（3.13）和式（3.15）可得

$$k_{\text{state}} = \alpha^{\frac{1}{\beta}} \cdot (\alpha \cdot l)^{\frac{1}{\beta}} \cdot k_{\text{private}}^{\frac{1-\beta}{\beta}} \qquad (3.16)$$

将式（3.16）代入式（3.15），则有

$$i + \eta = \beta \cdot \alpha^{1+1/\beta} \cdot (\alpha \cdot l)^{1/\beta} \cdot k_{\text{state}}^{1-\beta} \cdot k_{\text{private}}^{(\beta-1)^2/\beta} \qquad (3.17)$$

结合居民行为分析与厂商行为分析，我们对市场均衡条件下的平衡增长路径进行分析。在市场均衡状态下，资本供给与资本需求相等，即

$$s = k$$

$$\tilde{k} = f(k_{\text{state}}, \ k_{\text{private}}) - r - \phi - (h + \eta) \qquad (3.18)$$

在式（3.18）的约束条件下，将式（3.15）和式（3.16）代入式（3.12），则有

$$i = \frac{\tilde{r}}{r} = \frac{1}{\sigma}(1-\beta) \cdot (\alpha \cdot)l^{\frac{1}{1-\beta}} - \lambda \qquad (3.19)$$

在稳定状态下，则有 $i_r = i_k = i_p$ 成立。

通过以上分析，我们可以看出，资本存量的增加会导致资本产出率的下降，但此时如果国有资本投资能够向具有社会效益的领域倾斜，那么经济就能通过国有资本投资的推动而趋于稳定增长。其内在机理是：随着资本投资规模的不断增加（假设在初始状态下，由于国有资本与私人资本的投资边界并未得到有效界定，两种资本存在大量的重叠区域），资本边际收益率会出现递减趋势，此时，私人资本投资就会减少，从而造成投资不足，进而导致经济增长率的下降。这时，如果仅依靠市场力量来进行资源配置，必然会造成国有资本对私人资本的"挤出"[①]；但是，如果此时政府进行干预或对国有资本投资进行政策调控，将国有资本配置到基础产业或基础设施领域以及有可能形成新增长点的新兴行业（即通过政府干预对国有资本投资边界进行合理界定，从而减少国有资本和私人资本的摩擦性重叠区域），则不仅不会造成挤出效应，反

---

① 有关国有资本投资对私人资本投资的影响的研究并不多见，但从公共投资或政府投资角度开展的研究却相当丰富。通过对公共投资（或政府投资）对私人投资影响的相关文献的整理，我们发现目前主流的观点有两个派别，即挤出效应派和挤入效应派。坚持公共投资对私人资本具有挤出效应的学者有 Evan（1994）、Nader（1997）等，而坚持公共投资对私人资本具有挤入效应的学者有 Aschauer（1990）、Toshihiro（1996）、Vijverberg（1997）等。

而还能带来很强的外溢效应（挤入效应），不仅能够为私人资本投资创造良好的外部环境，还能弥补私人投资增加所引起的边际产出的损失，从而促进经济的长期稳定增长。

3.1.3 经济理论分析的政策启示

在上述分析的基础上，我们进一步对理论模型的政策含义进行具体剖析：当 $\phi \to 0$ 时，表明国有资本的使用效率无限接近理想状态，与私人资本之间的摩擦或国有资本内部的能耗也近乎为 0，经济增长和居民福利水平都达到最优状态，此时，政府或政策制定部门所要做的就是维持这种近乎理想化的状态，无须也不应做任何政策的调整；当 $\phi \to 1$ 时，这是一种极端低效的状态，在该状态下，国有资本投资过度拥挤，不仅侵害了私人资本的生存空间，国有资本之间也会因过度投资、过度拥挤而造成极端的重复投资与过度摩擦，从而导致社会资源的极大浪费，此时，政府要做的就是对国有部门进行改革（包括对国有资本监管体制的调整、对国有资本内部经营模式的重塑以及对外部宏观环境的控制等）或通过政策调控或强制性的法律手段来重新界定国有资本的投资领域，并进一步明确国有资本投资过程中的责权利。如图 3-1 所示，在初始状态下，由于缺乏一种有效的调控方式，国有资本过度向高竞争领域"入侵"，会造成资本的过度拥挤和无序竞争。此时，如果我们引入政府干预这一种调控机制，对两种资本的投资边界和竞争方式进行合理的界定与调整，使其"各司其职、各行其道"，并充分利用国有资本的引导功能与在基础投资领域的正外部性，可以使国有资本与私人资本相得益彰并达到经济增长的稳定状态，如图 3-1 所示。

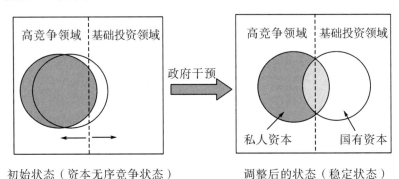

图 3-1　国有资本与私人资本的有效边界

此外，通过对国有资本产出的理论模型分析，我们也初步明确了国有资本投资对经济增长和社会福利提升的影响。假如国有资本投资偏离了对经济增长和社会发展的正外部性的目标，稀缺的资本资源就会游离于生产之外，对经济增长和社会发展产生十分有害的影响。具体来说，这种偏离表现在以下两个方面：私人资本将有限的资源投向了游说政府官员、进行过度的司法诉讼甚至是贿赂；而国有资本则是将规模庞大的国家资源向个人和特定群体转移或以国家资源为个人谋取私利（如"寻租"）。这种偏离，一方面会造成整个社会经济资源浪费与效率低下以及社会公平状况的恶化；另一方面会诱使个人更多地追求国家资源的配置权力，从而使其过度倾向于"权力知识"的学习与积累，而淡化对"生产知识"的培养与获取，从而使得相当大一部分人力资本逃逸出生产领域，进而降低社会生产的有效人力资本供给。

3.2   经验分析

国有资本领域的相关研究是中国经济与改革的一个重要课题。近年来，在该领域所取得的广泛而卓有成效的研究成果为国有企业改革以及国有资本管理体制创新提供了科学的理论基础和新颖的变革思路。但是，过于微观层面的研究视角，既无法揭示国有资本投资与中国经济体制改革、经济增长与社会发展的相互关系与重要作用，也无法就国有资本投资在中国特色社会主义市场经济建设与社会转型时期所发挥的巨大贡献进行相关分析与探讨。此外，鉴于已有文献在研究方法上主要以定性分析为主，很少从定量分析的角度就国有资本在社会主义国民经济中的作用与贡献进行探讨，我们打算在前文研究的基础上，对国有资本投资在中国特色社会主义市场经济建设、变革与发展进程中的经验证据进行分析。

3.2.1   研究假设与模型设定

3.2.1.1   研究假设

1978 年改革开放以来，中国经济增长与社会发展一直是经济学家和众多研究者关注的重点。尤其令研究者着迷的是，中国在保持经济数十年高速增长的同时，如何有效地规避转型之后所出现的漫长的经济衰退和政治波动，并且中国的经济增长、社会发展、民生改善和政治稳定是完全有别于西方正统的"转型教义"中关于"增长"的界定与研究的[①]。中国的成功经验既不同于西

---

① 在西方主流的经济研究中，增长是自由化和私有化的产物（张军，2001）。但是，东欧与俄罗斯的转型经验已经表明，按照西方自由化与私有化思想所进行的社会转型是失败的，也并不适用于中国的经济体制改革。

方国家的发展模式，也有别于自身曾走过的任何一种发展道路，这种史无前例且在完全缺乏任何有效参考模式的基础上探索出来的成功，当然值得所有研究者为之着迷。正如本书所述，在中国成功经验的诸多因素中，国有资本投资对中国经济增长与社会发展起到了至关重要的作用，并且从已有文献来看，国有资本投资对经济增长的长期效应也是有目共睹的，如 Agell 和 Thomas（1996）、Rondine 和 Iacono（1996）、Sumit（1998）、Talor 和 Allen（1998）和 Benardo（2005）等就曾分别从不同角度对国有资本投资对经济增长的长期效应进行了研究。鉴于此，我们提出假设一：

H_1：国有资本投资对中国经济增长起到了长期促进作用，国有资本投资与 GDP 存在长期相关性。

在探索国有资本投资与中国经济增长经验证据的过程中，还有一个极为重要的因素是绝对不能忽视的，即国有资本制度变革对国有资本投资所产生的经济效益是否产生了重大影响，影响程度如何。Shleifer 和 Tsukanova（1996）、Weingast（1997）、Yim（2005）、Gupta（2005）、刘小玄和郑京海（1998）、张军、王祺（2004）、陈钊（2004）、刘小玄和李利英（2005）、宋立刚和姚洋（2005）、白重恩和路江涌（2006）等人的研究表明，国有资本制度变革之后国有企业经济效益有了显著提高，且具有较强的延续性。因此，我们在假设一的基础上提出第二个假设：

H_2：国有资本制度变革与国有资本投资所产生的经济效益之间存在正相关性。

在提出以上两个假设的基础上，我们也很关注在国有资本投资过程中是否会对私人资本产生"挤出效应"。从最直观的角度来看，由于国有资本在资本规模、政治资源以及人才与技术等方面所存在的优势，当其与私人资本在同一层面（如高竞争领域）竞争时，会对私人资本产生一定程度的挤出效应（Khan，1990；Odedokun，1997；Ghail，1998）；而从另一角度来看，当合理地界定国有资本与私人资本的投资边界之后，国有资本在基础设施和公共服务领域的投资会促进私人资本的发展，甚至还可以带动私人资本在这些领域的投资，从而对其起到挤入效应（Fisher，1998；Alfredo，2001；Lutfi & Randall，2005）。鉴于此，我们提出假设三：

H_3：国有资本投资与私人资本投资存在相关性。

3.2.1.2　模型设定

一般情况下，用于核算经济增长源泉的柯布-道格拉斯函数（C-D 函数）仅考虑了资本与劳动两种生产要素（Arrow，1962；Romer，1986；Chow，

1993），而并未考虑其他因素（如制度）对 GDP 的影响，也没有对资本与劳动的投入质量进行研究，这导致了以该函数为依据所进行的经济增长核算会存在高估（即 TFP 被高估）的可能。因此，我们在 C-D 函数基础上，将索洛的"制造时期"因素（Solow，1960）和劳动力质量纳入模型框架，建立如下模型：

$$Y = A \cdot (e^{\mu \cdot n} K)^{\alpha} \cdot (E \cdot L)^{\beta} \qquad (3.20)$$

式（3.20）中，Y 用于度量经济增长，以 GDP 表示；A 是全要素生产率；K 表示国有资本投资量；n 表示资本年龄；μ 为资本年龄弹性系数；$e^{\mu \cdot n}$ 用于度量国有资本投资质量；L 表示人力资本（劳动力）投入量；E 反映人力资本质量，用平均受教育年限来度量；α 和 β 分别表示国有资本和人力资本的弹性系数。对式 3.20 两边取对数，得到：

$$\ln Y = \ln A + \alpha \cdot \mu \cdot n + \alpha \cdot \ln K + \beta \cdot \ln E + \beta \cdot \ln L \qquad (3.21)$$

在规模报酬不变$(\alpha + \beta = 1)$条件下，得到计量模型 1：

$$\ln(Y/L) = \ln A + \alpha \cdot \ln(K/L) + (1 - \alpha)\ln E + \alpha \cdot \mu \cdot n + \varepsilon \qquad (3.22)$$

式（3.22）中，ε 为白噪音序列。

考虑到国有资本制度变迁对中国经济增长的影响，我们在模型 1 的基础上，引入了哑变量 D_i。由于中国的国有资本体制变革大体经历了三个阶段，我们分别选取了哑变量 D_{1993} 和 D_{2003}，并分别构造了计量模型 2：

$$\ln(Y/L) = \ln A + \alpha \cdot \ln(K/L) + (1 - \alpha)\ln E + \alpha \cdot D_{1993} \cdot \ln(K/L) +$$
$$\alpha \cdot D_{2003} \cdot \ln(K/L) + \alpha \cdot \mu \cdot n + \varepsilon \qquad (3.23)$$

在式（3.23）中，当所取数据来源于 1993 年以前（含 1993 年）时，$D_{1993} = 0$，当数据来源于 1993 年以后时，则有 $D_{1993} = 1$；当数据来源于 2003 年以前（含 2003 年）时，$D_{2003} = 0$，而数据来源于 2003 年以后时，则有 $D_{2003} = 1$。

另外，为检验国有资本投资是否对私人资本存在影响以及影响程度如何，鉴于在现实经济中私人资本投资的内生性以及由此可能导致的估计结果的有偏性和不一致（Khan & Reinhart，1990；Nader & Miguel，1997），并考虑到投资对经济增长所具有的明显的时滞性，我们不打算直接利用 C-D 生产函数来进行估计，而打算采用向量自回归模型（VAR）和向量误差修正模型（VECM）来研究国有资本投资对私人资本的影响。

3.2.2 数据与变量

我们采用了 1978—2008 年的时间序列数据来对国有资本投资与中国经济增长和社会发展的相关关系进行研究。在研究过程中涉及的变量如表 3-1 所示。

表 3-1　变量说明

变量	变量含义与说明
Y	用于衡量经济产出的指标,以 GDP 来度量
K	国有资本存量
ΔK	新增国有资本存量,即国有资本年度投资额
P	私人资本存量
ΔP	新增私人资本存量,即私人资本年度投资额
L	人力资本(劳动力)存量
ΔL	人力资本年度投资量
n	资本年龄
E	人力资本平均受教育年限

(1) 变量 Y

我们用 GDP 来衡量经济产出,所采用的 GDP 是经过指数平减后的不变价格数据。GDP 与 GDP 平减指数均来源于《中国统计年鉴》(2009)。

(2) 变量 K 与变量 P

虽然有关国有资本与私人资本存量的数据难以直接从统计年鉴中获取,但是,我们可以在先估算出社会总资本存量的基础上,假定社会总资本仅有国有资本和私人资本两部分构成,然后以此为依据来估算国有资本存量和私人资本存量。目前有关社会总资本存量估算的相关研究较为丰富,如贺菊煌(1992)、谢千里(1995)、周至庄(1995)、林毅夫(1999)以及张军(2001、2002、2004)等,他们的研究基本上都遵循了永续盘存法[①]的思想。因此,我们也打算采用永续盘存法来估计 1978—2008 年的中国社会总资本存量,其中资本折旧率 λ 假定为 5%。在估算出社会总资本存量的基础上,我们按统计年鉴所提供的历年公有经济所占比重来估算国有资本存量和私人资本存量。利用这种方法估算出来的结果也许不太准确,但在相关数据极为匮乏的条件下,该方法也不失为一种选择。

[①] 永续盘存法(PIM)是 Goldsmith 于 1951 年所提出的,其基本思想采用了相对效率几何递减模型,其公式为 $K_t = (1 - \lambda_t) \cdot K_{t-1} + I_t$。式中,$K_t$ 与 K_{t-1} 分别表示第 t 年和第 $t-1$ 年的资本存量,λ_t 为第 t 年的资本折旧率,I_t 为第 t 年的资本投资。目前该方法已被经济合作与发展组织(OECD)国家所采用,且在理论研究中也被广泛使用。

（3）变量 L 与变量 E

由于人力资本存量数据的估算较为复杂，且不属于我们研究所要关注的重点，我们借鉴了岳书敬、刘朝明（2006）的相关计算数据。这些数据并不包含人力资本质量信息，而人力资本质量状况显然会对经济产出产生显著影响，因此我们将变量 E 纳入了研究框架。理由是人力资本质量的提高离不开受教育程度的提高。

（4）变量 n

资本年龄 n 是一个反映资本质量的变量。按照索洛（Solow, 1960）的"制造时期"模型，新投资实际上是技术进步的体现，因此，资本总量中新投资的比重越大，其资本质量也就越高。

3.2.3 实证结果与分析

3.2.3.1 国有资本投资对经济增长的影响分析

运用 1978—2008 年的相关数据对模型 1 进行 OLS 回归分析，得到如表 3-2 所示的回归结果。

表 3-2 模型 1 的 OLS 估计结果

Variable	Cofficient	t-Statistic	Prob.
C	1.856 7	4.233 5	0.000 3
K/L	0.599 8	18.342 5	0.000 0
n	0.008 6	5.876 3	0.000 0
R^2	0.986 5		
Adjusted R^2	0.988 7		
F-statistic	1 367.86		
Durbin-Watson stat	1.671 5		

表 3-2 表明，1978—2008 年，国有资本产出弹性的估计值约为 0.6。通过检验，这与已有的关于中国资本要素弹性的研究成果（World Bank，1987；马拴友，2001；张军，2001；龚六堂、谢丹阳，2004；吕冰洋，2008）基本吻合；并且可决系数 R^2 为 0.986 5，表明模型的拟合优度较好。变量 n 的系数估计值为 0.008 6，并通过检验，表明 1978—2008 年中国经济增长中的技术进步因素通过国有资本投资显著地改善了经济增长质量，即资本质量每提高 1 个百分点，就会导致 GDP 增长 0.86%。但由于其值偏小，仍无法改变中国经济依

赖高要素投入、低回报的"粗放"式增长模式。

此外，由于我国国有资本制度变革呈现明显的三个阶段，我们进行了分阶段检验。运用模型进行 OLS 回归得到如表 3-3 所示的计量结果。

表 3-3　模型 2 的 OLS 估计结果

变量	预期符号	1978—1993年	1994—2003年	2004—2008年	1978—2008年
C	？	1.978 6 *** (3.452 8)	1.916 9 *** (3.887 6)	1.833 8 ** (1.865 4)	1.856 7 *** (3.780 3)
K/L	+	0.486 9 *** (13.674 8)	0.568 6 *** (16.358 9)	0.593 8 ** (1.557 6)	0.599 5 *** (15.789 6)
n	+	0.004 6 (1.135 4)	0.005 8 *** (3.642 1)	0.007 5 (1.032 5)	0.007 8 *** (3.153 2)
D_{1993}	？				−0.003 8 ** (−1.452 6)
D_{2003}	？				−0.004 6 ** (−1.654 8)
E	？	控制	控制	控制	控制
L	？	控制	控制	控制	控制
调整的 R^2		0.863 5			

注：括号内的数值为 t 值，***、**、* 分别表示在 1%、5% 和 10% 的水平上显著。

从表 3-3 可以看出，国有资本投资的弹性系数由改革第一阶段（1978—1993 年）的 0.486 9 变为了第三阶段（2004—2008 年）的 0.593 8，在经历了三个阶段的制度变革后，国有资本的经济增长的作用有了显著改善。然而，通过将 1978—2008 年的回归结果（0.599 5）与 2004—2008 年回归结果（0.593 8）进行比较，我们发现从长期角度（1978—2008 年）进行回归所得到的弹性系数反而要比第三阶段（2004—2008 年）回归所得到的结果要大一些，这与索洛所强调的新投资往往更能体现技术进步显然存在一些背离。我们给出的解释是，进入 21 世纪以后，大规模的国有资本投资，虽然在一定程度上体现了技术进步因素并促进了经济增长，但由于国有资本投资过于集中（主要集中于基础设施、能源、通信等行业）所造成的"资本拥挤"又对技术进步起到了一定的抵消作用。这提示我们，下一阶段我国的国有资本制度变革的主要方向应该放在调整投资结构、合理界定投资规模以及提高投资质量上。反映资本投资质量的 n 由 0.004 6 变成了 0.007 5，这表明国有资本制度变革对资本投资质量也有所改善，这与我们的预期相吻合。

3.2.3.2　国有资本投资对私人资本的影响分析

我们运用 Eviews6.0，采用 ADF 单位根检验分别对变量 $\ln Y$、$\Delta \ln Y$、$\ln K$、$\Delta \ln K$ 以及 $\ln P$ 和 $\Delta \ln P$ 的平稳性进行了检验，检验结果如表 3-4 所示。

表 3-4　单位根检验结果

变量	检验类型	ADF 值	5%临界值	检验结论
$\ln Y$	$(C, T, 3)$	−3.534 2	−3.889 3	非平稳
$\ln K$	$(C, T, 4)$	−3.643 1	−3.984 7	非平稳
$\ln P$	$(C, T, 2)$	−3.834 6	−4.134 2	非平稳
$\Delta \ln Y$	$(C, N, 2)$	−4.325 4	−4.106 8	平稳
$\Delta \ln K$	$(C, N, 3)$	−3.913 2	−3.765 4	平稳
$\Delta \ln P$	$(C, N, 1)$	−3.868 9	−3.754 7	平稳

注：(C, T, P) 表示存在常数项且存在时间趋势项，(C, N, P) 表示存在常数项但不存在时间趋势项，滞后阶数 P 根据赤池信息准则（AIC）和施瓦茨准则（SC）确定，临界值为 5%显著性水平下的 Mackinnon 单边临界值。

表 3-4 表明，$\ln Y$、$\ln K$ 和 $\ln P$ 均不能在 5%的显著水平上拒绝有单位根的原假设，这表明它们不能满足传统回归分析所要求的平稳性，因此，只能采用 Johansen 协整检验来检验它们之间的长期均衡关系，如表 3-5 所示。

表 3-5　变量之间的 Johansen 协整检验结果

特征值	似然比	5%临界值	1%临界值	零假设
0.835 6	82.541 2	32.56	53.64	0 个***
0.536 6	51.867 3	32.82	29.89	至多 1 个***
0.284 5	11.364 5	10.31	18.73	至多 2 个

注：*** 表示在 1%的显著性水平下有意义。

在 Johansen 协整检验的基础上，进一步将协整向量标准化后，可得到如下所示的协整方程：

$$\ln P = 4.358\ 4 + 1.264\ 8 \ln K + 1.126\ 5 \ln Y$$
$$(0.031\ 5) \qquad (0.006\ 4)$$

方程下方括号内数字为标准差。

上式表明，国有资本投资与经济增长、私人资本投资之间存在长期均衡关系，且从长期来看，国有资本投资对私人资本存在挤入效应。另外，为进一步确定变量之间的因果关系，我们又进行了 Granger 因果关系检验，检验结果如表 3-6 所示。

表 3-6　Granger 因果关系检验结果

原假设	F 统计量	P 值
lnP 不是 lnK 的 Granger 原因	0.798 8	0.483 2
lnK 不是 lnP 的 Granger 原因	1.859 3	0.021 5**
lnY 不是 lnP 的 Granger 原因	1.985 6	0.031 4**
lnP 不是 lnY 的 Granger 原因	2.213 5	0.024 8**

注：统计量 P 值为检验的概率值，若 P 值小于 0.05，表示因果关系在 5% 的显著性水平下成立；反之，因果关系不成立。** 则表示检验值大于在 5% 置信区间下的临界值。

表 3-6 表明，国有资本投资是引起私人资本投资的 Granger 原因，而私人资本投资不是引起国有资本投资的 Granger 原因。这说明，国有资本投资不仅没有对私人资本投资产生挤出效应，相反，其导向性作用可以引导私人资本投资，从而产生挤入效应：国有资本投资每增加 1 个百分点，将带动私人资本投资增加 1.26%。另外，经济增长与私人资本投资之间的 Granger 因果关系分析表明，两者之间存在双向 Granger 因果关系，这说明经济增长也对私人资本投资存在显著的促进作用。经济每增长 1 个百分点时，私人资本投资将增加 1.13%。经济增长对私人投资的挤入效应主要表现为：当经济增长加快时，私人资本会产生经济利好预期，促使私人资本加大投资力度；而当经济发展放缓时，私人资本会产生负面经济预期，从而促使其将资本从生产领域撤出，导致私人资本投资萎缩。这表明，私人资本投资与经济增长周期之间存在着密切的关系，当宏观经济环境利好时，私人资本会大量进入投资领域，从而推动经济进一步增长，并导致经济"过热"；当宏观经济低迷时，私人资本投资又会减少，从而对经济"过冷"起到"推波助澜"的作用。正是私人资本的这种特性，决定了在国民经济和国家宏观调控中起支柱作用的不可能是私人资本，而只能是国有资本：通过国有资本的"反周期"操作来达到平衡经济增长、引导私人资本健康发展的目的。具体来说，当经济过热时，通过紧缩国有资本投资来为经济降温，并且这种信号会迅速传递至私人资本，导致私人资本也缩减投资规模，从而进一步为经济降温；反之，当经济过冷时，通过扩大国有资本投资规模来推动经济增长，并引导私人资本加快投资步伐，从而进一步刺激经济增长。

3.3　本章小结

在本章中，我们分别从经济学理论研究和实证研究的角度分析了国有资本投资与经济增长和社会发展之间的关系。研究结果表明，国有资本投资对中国经济增长和社会发展有着长期的推动作用，但就中国经济增长和社会发展的轨迹来看，这种依托大量国有资本投资所带动的经济增长确实存在粗放式发展的迹象。这就意味着，下一阶段我国国有资本制度改革的重点应在于调整投资结构与投资规模，转变经济增长模式，使经济增长由粗放式向集约式转换。另外，鉴于国有资本在国民经济和国家宏观调控中举足轻重的作用以及私人资本固有的局限性，我们明确了在社会主义市场经济中国有资本的主导地位不能动摇，而如何协调国有资本与私人资本之间的关系以及如何加强国有资本对私人资本的引导等，都将是未来研究中值得深入探讨的。

4 国有资本投资综合效益评价方法与指标体系构建

正如前文所言，对于国有资本投资综合效益的评价，无论从理论研究还是实际操作的层面来看，绝大部分都是从经济效益（或经济指标）入手的。效益评价的过度经济化倾向会导致两种后果：要么导致国有资本投资的短期化，要么得出国有资本效率低下的结论。前者是一种基于既定考核体制所做出的理性经济人反应，因为对于作为受托人的国有资本经理层而言，他们的行为会随业绩考核与绩效评级的变化而进行相应调整，当效益评价侧重经济指标时，他们在投资经营决策中可能会更多地关注投资项目的经济效益而忽视社会效益；而后者则是国有资本双重属性博弈下的并"不真实的结果"①。鉴于此，本章我们的主要任务就是，在对传统评价方法进行分析与探讨的基础上，着重对已有方法或体系进行重构与改进，并创造出新的综合效益评价与考核指标体系。

4.1 传统评价方法与指标体系

我们对国有资本投资效益的评价方法与指标体系进行了相关研究发现，大体而言，评价方法与指标体系可以分为两大类：基于财务指标的评价方法

---

① 关于这一点，我们在前文实际上已有所论述。国有资本的一般属性与社会属性的矛盾统一，决定了国有资本注定无法像私人资本那样"唯利是图"，因为它还必须履行相应的社会职能。而社会职能的履行会在一定程度上造成对经济效益（尤其是短期经济效益）的损害，如果效益考核过度倾向于经济化，那么势必会得出国有资本效率低下的结论。经济效益（尤其是短期经济效益）与社会效益的难以兼容，是造成这种结果的根本原因。因此我们说，对国有资本投资效益考核的过度经济化倾向带来的结果是一种并不真实的结果。国有资本因为履行了社会职能导致了自身经济效益（尤其是短期经济效益）的损失，不仅未进行相应补偿，还在评价与考核中将其作为了一个"负面"因素，这是一种不公平。

（财政部，1999；国务院国资委，2006；国家统计局课题组，2006）与全要素生产率评价法（谢千里、罗斯基、郑玉歆，1988；刘小玄、郑京海，1998；刘元春，2001；齐艺莹，2005）。

4.1.1 基于财务指标的评价方法

基于财务指标的评价方法是以会计计量和会计核算为基础，通过对一些关键性财务指标的分析来评价经营效果和投资业绩的一种最为传统的评价方法，该方法因其可验证性强、操作简单而被广泛运用：财政部（1999）就曾将国有资本金的评价指标体系分为经营指标、财务效益指标、偿债能力指标和发展能力指标，国务院国资委（2006）则将中央企业综合绩效评价指标划分为盈利能力状况指标、资产质量状况指标、债务风险指标和经营增长状况指标四个方面。基于财务指标的评价方法，无论对财务指标如何划分与构建，有一点是始终不变的，即必须以财务报表为基本依据来定量反映经营和投资的财务绩效，而对表外信息（如社会效益）则根本无法涉及。在表4-1中我们对五种主要财务评价指标进行了一个初步的梳理与归纳：①资产收益状况指标。该类指标主要反映国有资本投资的综合财务绩效，是国有资本考核的核心内容。在该类指标中较常用的几个指标是净资产收益率、总资产收益率和资产生产率，这三个指标分别从净资产、总资产和资本增加值三个方面反映国有资本的收益状况。②资产营运状况指标。该类指标主要用于反映国有资本运营效率高低与质量好坏，如资产周转率表示的是国有资本的周转速度与营运效率，而不良资产比率表示的则是国有资本运营过程中的质量，即有多少好资产和多少坏资产。资产收益状况类指标与资产营运状况类指标虽然都能在一定程度上说明资产获利状况，但两者的侧重点并不一致。③偿债能力状况指标。该类指标实际上是一类风险度量指标，用于反映国有资本投资和经营过程中的偿债风险（或财务风险）。具体而言，又可以将该类指标划分为短期偿债类指标和长期偿债类指标。④资产发展能力指标。该类指标主要是从资本或利润增加的角度来衡量国有资本未来发展能力，其中利润增长率和资本积累率是两个常用指标。⑤资本控制力指标。国有资本控制力指标主要用于反映国有资本在国民经济中的作用与地位，以及对国民经济的影响力与控制力。这是财务评价体系中国有资本独有的一类指标（因为在某些特定行业必须由国有资本进行控制）。

表 4-1　主要财务评价指标及计算公式

评价类型		基本指标与计算公式
资产收益状况		净资产收益率＝净利润÷平均净资产×100%
		总资产收益率＝（利润总额＋利息支出）÷资产平均余额×100%
		资产生产率＝国有资本增加值÷资产平均余额×100%
资产营运状况		资产周转率＝营业收入÷资产总额
		不良资产比率＝不良资产及潜亏挂账额÷年末资产总额×100%
偿债能力状况	短期偿债能力	流动比率＝流动资产÷流动负债
		速动比率＝速动资产÷流动负债
		现金比率＝（货币资产＋交易性金融资产）÷流动负债
	长期偿债能力	资产负债率＝负债总额÷资产总额×100%
		利息保障倍数＝息税前利润÷利息费用
资产发展能力		利润增长率＝本期利润总额增加值÷期初利润总额×100%
		资本积累率＝净资产增加值÷年初净资产总额×100%
资本控制力		国有资本总额比重＝国有资本总额÷全社会资本总额×100%
		国有资本净额比重＝国有资本净额÷全社会资本净额×100%

以上有关国有资本效益评价的五类分项指标只能从某一侧面说明国有资本经营成果和财务状况，是局部的、分散的、割裂的，无法综合、全面地对国有资本投资和经营的财务业绩进行评价与考核。因此，基于财务指标的综合评价法即杜邦分析法和沃尔评分法被纳入了国有资本效益考核体系。

杜邦分析法是美国杜邦公司财务经理人员创造的一种财务综合评价方法，该方法的核心思想是以权益净利率（净资产收益率）为中心指标并对其进行层层分解，用以揭示权益资本报酬率的构成要素及其主要影响因素，从而为提高权益报酬率、实现股东财富增长提供明确的改进方案。具体而言，首先将权益净利率分解成总资产收益率与权益乘数的乘积。这是第一层分解，主要用于反映总资产收益状况（总资产收益率）和资产结构（权益乘数）对权益报酬的影响。其次将总资产收益率分解成营业利润率与资产周转率的乘积。这是第二层分解，主要用于反映资产运营状况对总资产收益能力的影响。最后将营业利润率和资产周转率分别分解为净利润除以销售收入以及销售收入除以资产总额。这是第三层，主要用于反映销售状况对经营成果的基础性影响。当然，在第三层的基础上还可以继续对各指标进行更为细致的分解，直至将指标分解为财务中最为基本的元素。

沃尔评分法是亚历山大·沃尔于 20 世纪初创立的一种基于信用评价①的综合评分方法，后被广泛运用于财务评价领域。该方法的核心思想是选择若干个重要的财务指标，并分别对各个指标进行赋值（或分配权重），然后确定各项指标的标准值。在评分时，通过将实际值与标准值进行比较计算出每项指标的实际得分，最后将各项指标实际得分加总，计算总得分，从而评价综合财务业绩。如表 4-2 所示，我们分别从资产收益状况、资产营运状况、偿债能力状况以及资产发展能力四个维度选取了总资产收益率、净资产收益率、资产生产率、不良资产比率、资产负债率和资本积累率六个具体指标进行了沃尔分析②。分析结果表明，从 1998 年到 2004 年，国有资本经营的沃尔得分情况呈现了明显的逐年上升趋势（如图 4-1 所示）。

表 4-2　国有资本财务绩效评价的沃尔得分情况

| 年份 | 资产收益状况分析 | | | | 资产营运状况分析 | | 资产偿债能力分析 | | 资产发展能力分析 | | 总得分⑤ |
	总资产收益率/%	净资产收益率/%	资产生产率/%	得分①	不良资产比率/%	得分②	资产负债率/%	得分③	资本积累率/%	得分④	⑤=①+②+③+④
1997	4.50	4.90	0.15	16.00	8.86	18.00	65.70	10.41	8.23	0.00	44.41
1998	3.50	3.00	0.12	3.79	10.13	14.08	65.90	0.00	8.23	6.20	24.07
1999	3.60	2.40	0.11	15.46	11.52	10.60	64.80	15.85	8.92	16.13	58.03
2000	3.30	1.70	0.11	22.99	11.49	4.59	65.00	5.33	9.48	24.00	56.91
2001	3.30	2.00	0.11	22.07	11.38	0.00	68.50	19.13	10.80	18.51	59.71
2002	2.70	0.50	0.11	25.99	10.20	10.20	65.40	20.87	9.13	14.69	61.55
2003	1.91	-0.99	0.11	28.57	9.25	10.84	68.85	13.94	8.13	9.63	62.98
2004	2.30	1.70	0.10	38.00	8.34	16.32	67.10	14.70	8.10	9.99	79.00

注：本表数据来源于国家统计局课题组：《国有资产监管指标体系研究》，载于《统计研究》，2006 年第 6 期，第 13 页。

---

① 亚历山大·沃尔在《信用晴雨表研究》中提出了信用能力指数，并将若干财务比率用线性关系联系起来以评价企业信用能力与信用水平。

② 我们借鉴了国家统计局课题组《国有资产监管指标体系研究》（载于《统计研究》，2006 年第 6 期）的研究成果，具体计算过程和演示路径我们不在此赘述。

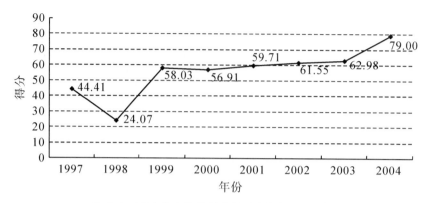

图 4-1　国有资本投资效益的财务指标得分趋势

4.1.2　全要素生产率评价法

以新古典增长理论（Ramsey，1927；Harrod，1939；E. Domar；1946；Robert Solow，1957，1962；David Cass，1965；Romer，1986；Lucas，1988；Barro，1990；Rebelo，1991）为基础进行的对要素投入与经济增长之间相互关系的研究，直接导致了全要素生产率测定法（TFP）的产生。进入 20 世纪 80 年代，有关经济增长的研究主要集中于两个方面：一是经济增长因素分析，该类研究主要致力于揭示影响经济增长的各种因素（如资本、技术、劳动等）及其影响程度，其主要工作是运用索洛模型（Robert Solow，1956）测定要素投入对经济增长的贡献；二是经济增长与经济运行状态的联系研究，其主要工作是运用哈罗德-多马模型（Harrod & Domar，1936，1946）解释经济波动与反周期政策之间的联系（肖红叶、顾六宝 等，2007）。在第一类研究中，由于人们已经观察到资本形成（或资本投入）对经济增长的重要证据，客观上需要一种度量工具来反映经济增长的动态效率（一般情况下，可以由 TFP 的估计值来检验）。换言之，假如全要素生产率（TFP）的增长率或动态效率表现显著，那么，正如大多数市场经济所经历的那样，资本的形成与产出将保持基本一致的增长关系（布兰查德、费希尔，1998）。

下面我们将以柯布-道格拉斯函数（C-D 函数）为出发点，对国有资本的全要素生产率进行简单的评述。为简化模型，我们假设生产中只有资本（K_t）和劳动（L_t）两种要素投入，那么其表达式为

$$Y_t = AK_t^{\alpha} L_t^{\beta} \tag{4.1}$$

式中，Y_t 表示产出，K_t 表示资本投入，L_t 表示劳动投入，A 表示全要素生产率或技术进步参数，α 表示资本产出弹性，β 表示劳动产出弹性，且存在如下限

定条件：

$$0 < \alpha < 1, \ 0 < \beta < 1$$

现在对关系式 $\alpha + \beta$ 进行讨论。若 $\alpha + \beta = 1$，则表明上述函数为规模收益不变函数；若 $\alpha + \beta > 1$，则表明上述函数为规模收益递增函数；若 $\alpha + \beta < 1$，则表明上述函数为规模收益递减函数；如果 $\alpha + \beta > 1$ 和 $\alpha + \beta < 1$ 均有可能出现，则表明上述函数为自由规模收益函数。因此，在计量经济效率时应将两种函数（规模效益不变函数和自由规模收益函数）联合起来使用。因为单独使用任何一种函数都无法真实反映产出的经济效率：单独使用规模效益不变函数时，所计算出的规模经济效率将总为零。而单独使用自由规模收益函数时，若出现 $\alpha + \beta > 1$，则会导致规模经济效率包含于投入要素，从而虚增要素投入量；若出现 $\alpha + \beta < 1$，则会导致负规模经济效益包含于投入要素，从而虚减要素投入量。

由以上论述，我们可以定义全要素生产率（TFP）为

$$\mathrm{TFP}_t = \frac{Y_t}{K_t^\alpha L_t^\beta}$$

通过对式（4.1）取对数，则有

$$\ln Y_t = \ln A + \alpha \ln K_t + \beta \ln L_t + \varepsilon \tag{4.2}$$

式中，ε 为随机误差项。

通过对式（4.2）的回归分析，齐艺莹（2005）测算出了 1952—1979 年国有资本全要素生产率和全要素生产率增长率。在表 4-3 中，TPF_1 和 TPF_2 分别表示在自由收益条件下的全要素生产率和规模收益不变条件下的全要素生产率，A_1 和 A_2 分别表示在自由收益条件下和规模收益不变条件下的全要素生产率增长率。$A_g = A_2 - A_1$，用于度量是否存在规模经济效率：当 $A_g > 0$ 时，表明存在规模经济效率；当 $A_g < 0$，表明存在负规模经济效率；当 $A_g = 0$，表明规模收益不变。T_a（$T_a = A_g \div A_2$）则表示规模经济效率对全要素生产率增长率的贡献程度，G_a（$G_a = A_g \div \Delta yt$，其中，Δyt 表示经济增长率）表示规模经济效率对经济增长的贡献程度。通过表 3-3 我们发现，1952—1979 年国有资本全要素生产率并不稳定，尤其是在规模收益不变条件下 TFP 波动较为剧烈，最小时为 1.21，而最大值则为 2.66，这说明在计划经济时期国有资本经济效率存在明显的非稳定性因素。从规模经济效率 A_g 来看，除 1961—1963 年 $A_g < 0$ 外，其他年份中 A_g 均大于 0，这表明在 1953—1979 年国有资本大多数时期均具有规模经济效应。从 T_a 来看，1953—1979 年，除 9 个年份该值为负，其他年份该值均大于 0，这表明这一时期规模经济效率对全要素生产率增长率具有较大的贡献。从 G_a 来看，1953—1979 年规模经济效率对经济增长的贡献也较大。综

合来看，我国计划经济时期国有资本对经济增长具有明显的动态效率，但这种效果并不稳定（见图4-2）。

表4-3　国有资本全要素生产率及全要素生产率增长率

年份	TPF$_1$/% ①	TPF$_2$/% ②	A$_1$/% ③	A$_2$/% ④	A$_g$/% ⑤=④-③	T$_a$(%) ⑥=⑤/④	G$_a$(%) ⑦=⑤/Δy$_t$
1952	82.66	154.15	—	—	—	—	—
1953	92.41	176.28	11.80	14.36	2.56	17.83	7.59
1954	91.39	177.80	-1.11	0.86	1.97	228.82	12.63
1955	92.08	180.31	0.75	1.42	0.66	46.74	10.83
1956	100.54	201.44	9.20	11.71	2.52	21.48	8.18
1957	107.39	218.83	6.81	8.64	1.83	21.18	8.25
1958	83.27	187.05	-22.46	-14.52	7.94	-54.66	11.74
1959	95.98	218.91	15.27	17.03	1.76	10.34	5.88
1960	88.68	207.31	-7.61	-5.30	2.31	-43.59	18.74
1961	54.57	126.01	-38.47	-39.22	-0.75	1.92	1.70
1962	53.06	120.51	-2.76	-4.37	-1.61	36.81	10.89
1963	61.66	139.57	16.20	15.82	-0.38	-2.42	-2.90
1964	75.26	171.22	22.05	22.67	0.62	2.73	2.29
1965	89.02	204.40	18.29	19.38	1.10	5.66	4.02
1966	104.25	241.25	17.11	18.03	0.93	5.11	3.75
1967	83.22	193.24	-20.18	-19.90	0.28	-1.38	-1.53
1968	74.05	172.78	-11.02	-10.54	0.47	-4.50	-6.59
1969	94.72	222.68	27.90	28.81	0.91	3.16	2.58
1970	106.55	256.21	12.50	15.06	2.56	16.98	7.43
1971	108.97	266.17	2.26	3.89	1.63	41.82	10.26
1972	103.24	255.51	-5.26	-4.01	1.25	-31.19	24.53
1973	98.56	246.79	-4.53	-3.41	1.12	-32.77	23.87
1974	91.60	231.11	-7.07	-6.36	0.71	-11.14	-54.04
1975	95.52	244.10	4.28	5.62	1.34	23.88	8.73

表4-3(续)

年份	TPF$_1$/% ①	TPF$_2$/% ②	A_1/% ③	A_2/% ④	A_g/% ⑤=④-③	T_a(%) ⑥=⑤/④	G_a(%) ⑦=⑤/Δy_t
1976	80.34	207.13	-15.89	-15.14	0.75	-4.94	-7.64
1977	81.26	211.60	1.14	2.16	1.02	47.21	10.74
1978	92.26	242.16	13.54	14.44	0.90	6.24	4.32
1979	94.87	250.60	2.84	3.49	0.65	18.62	8.03

数据来源：齐艺莹：《国有资本效率论》，经济科学出版社，2005年，第144页。

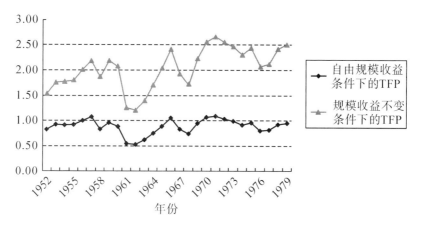

图4-2 自由规模收益条件下的TFP与规模收益不变条件下的TFP

4.1.3 传统评价方法的优缺点

基于财务指标的评价方法亦和基于全要素生产率的评价方法有各自的优缺点：①基于财务指标的评价方法是按照以公认会计原则为基础所形成的财务报表数据进行评价的，具有很强的可验证性和可操作性，并且由于法律法规对财务报表数据的监管较为严格（如法律规定上市公司财务报表必须经专业的独立第三方机构的审计），基于财务指标的评价方法具有很强的可靠性和公信力。但是这种评价方法也有着天然的局限性：首先，从评价后果来看，财务指标评价更多侧重于短期财务效果，这会直接导致国有资本经理阶层的短期行为；其次，从计量属性来看，作为会计基本计量的历史成本计量，会直接降低基于企业历史值所做出的各种投资决策的正确性（因为历史成本无法反映企业真实的市场价值），从而使得基于财务指标的评价结果显得"过时"；再次，从会计政策的可选择性（盈余管理）角度来看，通过会计政策和会计估计方法的选择所进行的各种利润操纵行为会在很大程度上降低财务数据的可靠性，从而对财务指标评价结构的可靠性构成实质性损害；最后，从表外项目来看，基于财务指标的评价方法显然是"鞭长莫及"。②全要素生产率评价法最大的优点是能从定量的角度很好地解释各种要素投入对经济增长的影响和贡献程度，然而这种模型化的评价工具实际上暗含着许多严格的经济学假设（如市场出清、外生储蓄率以及固定生产技术等）；而现实的情况是，这些严格的假设显然难以得到——满足，并且对现实世界中复杂的经济增长机制仅简单地研究资本、技术和劳动等要素的数量作用似乎并不完美，尽管这种简化手段符合模型研究的条件。以财务指标、全要素生产率等传统指标作为判断依据所进行的各种研究本质上存在如下不足：一是没有考虑到国有资本外部经济性所产生的转移经济效率，更未考虑在一个充满"次优问题"的现实环境中经济主体的微观效率与宏观效率的不一致；二是并未具体考虑到中国经济转型时期的独特的发展规律和国有资本的独特性质；三是并未对社会主义市场经济的客观性和合理性进行充分的考虑，而只是将国有企业作为一般市场经济主体（或将国有资本作为一般性经济资源）对待，却并未将经济结构转变、体制改革和技术赶超等因素纳入分析框架（刘元春，2001）。

更为重要的是，无论财务指标还是全要素生产率，其基本的落脚点都是经济效益，而根本未对国有资本的社会效益进行任何考量，因而并不全面和客观。我们以国有资本的冗员负担为例，作为经济体制改革和社会转型时期的社会福利提供者，国有资本承担了经济改革和社会转型的相关成本（即履行社会职能所造成的经济效率的损失），成为国家控制社会稳定和改革进程的有效工具。然而，在以传统方法对国有资本效率进行评价时却并未将这些因素考虑进去。如表4-4所示，1978—1997年国有资本冗员工资总额如此庞大，如果完全由国家财政来承担的话，国家财政也许根本无力在转型时期提供充分的社会福利并确保社会稳定，并且在现实的历史条件下，巨大的社会福利负担和转型成本有可能使政府面临崩溃的危险（刘元春，2001）。

表 4-4　国有资本冗员负担与经济效益损耗

年份	国有企业利润/亿元	冗员工资总额/亿元	冗员财务负担指数
1978	508.8	468.7	0.9
1980	585.4	627.9	1.1
1985	738.2	1 064.8	1.4
1986	689.8	1 288.5	1.9
1987	787.0	1 459.3	1.9
1988	891.9	1 807.1	2.0
1989	743.0	2 050.2	2.8
1990	388.1	2 324.1	6.0
1991	402.2	2 594.9	6.5
1992	535.1	3 090.4	5.8
1993	817.3	3 812.7	4.7
1994	829.0	5 177.4	6.2
1995	665.6	6 080.2	9.1
1996	412.6	6 792.7	16.5
1997	427.8	7 211.0	16.9

数据来源：刘元春：《国有企业宏观效率论——理论及其检验》，载于《中国社会科学》，2001 年第 5 期，第 80 页。

正是基于以上考虑，我们认为，评价国有资本效率不能仅从经济效率或财务指标入手，不能单纯地将国有资本与一般经济资源完全等同，还必须考虑国有资本的特殊属性以及其因承担社会职能所造成的经济效率的损失（或社会效益）。因此，后文我们将从经济效益评价和社会效益评价两方面入手构建国有资本综合效益的全面评价体系。

4.2　多维视角下的国有资本投资效益评价体系构建

如前文所述，正是由于传统评价方法存在局限性，我们打算在多维视角下创建新的国有资本投资效益评价体系。我们的基本思路是，从经济效益和社会效益两大类指标入手，创建新的全面的国有资本投资效益评价体系。其中，在经济效益指标方面，我们主要围绕直接经济效益和转移经济效益（外溢经济效益）来重构；在社会效益方面，我们主要以反映社会发展的指标为中心，在选用这些指标时，我们主要依据联合国开发计划署（UNDP）近年来所公布的《人类发展报告》（2006—2010）中的人类发展指数（human development index，简写为 HDI）以及《中国人类发展报告》（1997—2009）中反映社会发展的相关指数。具体来说，首先我们分别对经济效益和社会效益指标赋以权重①（经济效益类指标权重 60%，社会效益类指标权重为 40%），其次分别将两大类指标进行细化分解。我们将经济效益类指标分解成直接经济效益指标和转移经济效益指标（外溢经济效益指标）②，两者的权重分别为 40% 和 20%。在社会效益方面，我们分别从生活状况（赋权 20%）、受教育水平（赋权 10%）、自然环境（赋权 5%）和社会环境（赋权 5%）四个维度来进行衡量。因为我们认为这四个方面集中反映了人们的物质生活和精神生活以及自我发展状况，能充分反映社会发展与进步。在居民生活状况方面，我们打算从居民收入、就业状况以及与居民生活息息相关的衣食住行方面进行考察；在受教育水平方面，我们打算以平均受教育年限为主要考察指标；在自然环境和社会环境方面，我们分别以环境污染指数和社会安全和社会公平三个指标来度量。我们所构建的国有资本综合效益评价指标体系的思路及具体衡量指标如图 4-3 所示。

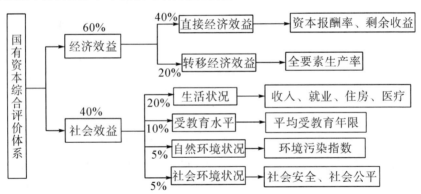

图 4-3　国有资本综合效益指标体系构建思路及具体衡量指标

---

① 对指标权重的设定，我们在专家评分法的基础上参照了国务院国有资产监督管理委员会颁布的《中央企业综合绩效评价实施细则》和《中央企业负责人经营业绩考核暂行办法》中的相关规定。

② 直接经济效益是指国有资本投资所获取的直接的资本收益，而转移经济效益（或外溢经济效益）则是指因国有资本投资所产生的正外部经济效益。对这两个指标的度量我们分别选取了权益净利率（资本报酬率）、剩余收益以及全要素生产率三个关键指标。

在赋权的基础上，我们对每一项具体指标都采用如下计算公式①：

$$score_i = \frac{fact_i - min}{max - min} \times w_i \times 100 \quad (4.3)$$

式中，$score_i$ 代表每一项具体指标单项得分，$fact_i$ 代表单项指标的实际值，max 和 min 分别代表单项指标的最大值和最小值，w 代表单项指标权重。在计算出单项指标得分的基础上，通过 $\sum_{i=1}^{n} score_i$ 计算出各类指标最终得分。

4.2.1 基于经济效益的指标体系重构

4.2.1.1 直接经济效益类指标

我们对经济效益类指标总体赋权60%，是按照国有资本一般属性与特殊属性之间的相互关系来决定的。其中，在经济效益类指标中，我们主要从直接经济效益（赋权40%）和转移经济效益（赋权20%）两个方面入手；进一步地，我们以资本报酬率和剩余收益率两个指标来度量直接经济效益，并且我们对这两个指标赋了相同的权重，即分别赋权20%。

另外，要强调的是我们为何要选择资本报酬率和剩余收益率②来度量直接经济效益。以作为相对指标的资本报酬率来度量资本投资的经济效率最大的优点就是便于不同投资规模和不同口径之间的经济效率的横向比较，并且以资本报酬率来度量资本投资的经济效率也已经取得了研究者和实际工作者的一致认可。但是从委托代理角度来考察的话，我们发现，以该指标来度量和考核国有资本投资效益实际上会带来经理阶层决策行为的狭隘性。例如，现有一项投资项目，预计（扣除所有成本费用后）每年资本净收益为 R_1（$R_1>0$），所需资本投资规模为 S_1，那么，在不考虑其他情况的条件下，其资本报酬率（年化）$i_1 = \frac{R_1}{S_1} \times 100\%$（$i_1>i$，其中，$i$ 为同期银行存款利率）。如果与此同时，还有一投资项目需要经理阶层决策，且该项目年资本净收益为 R_2（$0<R_2<R_1$），所需资本投资规模为 S_2（$S_2>S_1$），那么，其资本报酬率（年化）则为 $i_2 = \frac{R_2}{S_2} \times 100\%$

---

① 本计算方法参照了联合国开发计划署（UNDP）所发布的《人类发展报告》（2010）中的指数维度计算方法。

② 我们没有选择通常所使用的经济增加值（EVA），主要基于以下两个方面的考虑：从国家宏观层面来探讨的国有资本投资直接经济效益，在利用经济增加值进行考察时很难获取准确的加权资本成本；另外，使用经济增加值进行评价也无法有效避免基于国有资本委托代理所产生的经理阶层决策行为的狭隘性和短期性。

（同样有 $i_2 > i$）。显然，$i_2 < i_1$。如果对国有资本经理阶层的考核是以资本报酬率为中心的话，此时国有资本经理阶层必然会选择第一个项目，而放弃第二个项目。因为尽管第二个项目符合成本效益原则，也符合国有资本保值增值原则，但是由于选择第二个项目以后会降低整个投资的资本报酬率，国有资本经理阶层宁愿放弃国有资本保值增值的投资机会（$R_2 > 0$，$i_2 > i$），也不愿意降低资本报酬率（$\frac{R_1 + R_2}{S_1 + S_2} \times 100\% < \frac{R_1}{S_1} \times 100\%$）。换言之，国有资本经理阶层在决策时具有明显的逆向选择和道德风险倾向，并且这种倾向总是符合既定的考核、激励和监督机制的。因此，为了避免这种情况的发生，我们在资本报酬率的基础上，又引入了剩余收益这一指标并将其置于与资本报酬率同等重要的位置。并且，对于剩余收益这个指标，如果需要考虑风险因素或既定的利润目标的话，我们还可以将其按风险程度或利润目标进行相应调整。例如，在上例中，我们以第一个投资项目为例：①如果需考虑风险因素，则可将剩余收益调整为

$\sum\limits_{t=1}^{n} \frac{R_1}{(1+i)^t}$，其中，$\sum\limits_{t=1}^{n} \frac{1}{(1+i)^t}$ 为风险调整系数，t 代表年度，i 代表期望收益率或银行存款利率；②如果需考虑既定利润目标，则可以用 $R_1 - S_1 \times i_0$（i_0 代表既定的目标利润率）表示，即只要 $S_1 - S_1 \times i_0 > 0$，该投资就是可取的。

如表 4-5 所示，我们计算出了改革开放以来国有资本的投资回报率，将这些数据代入式（4.3）计算出资本报酬率。在计算剩余收益得分时，我们并未直接采用剩余收益指标，而是采用了剩余收益率来替代，这主要是出于简化计算的考虑：假定国有资本投资的最低期望报酬率为银行存款利率①，若资本报酬率在扣除最低期望收益率后仍大于零，则表明该投资可行；反之，则不可行。在投资规模既定的情况下（假若为 S_1），已知资本回报率为 i_1，最低期望收益率为 i_0，那么剩余收益则为 $S_1 \times i_1 - S_1 \times i_0$ 或 $S_1 \times (i_1 - i_0)$。为避免引入变量 S_1 带来的多余计算量，我们直接用剩余收益率（$i_1 - i_0$）来替代剩余收益，且判定条件为 $i_1 - i_0 > 0$，即只要满足该条件，国有资本投资就是合理的、可取的，就符合国有资本保值增值要求。同理，将剩余收益率数据代入式（4.3）就可以计算出剩余收益指标的得分情况。

---

① 从机会成本的角度来看，任何一项投资的最低期望报酬率至少应该大于同期银行存款利率。否则，理性的投资者宁肯选择将资金存入银行坐享利息收益，也不愿意将资金用于投资并承担风险。

表 4-5　国有资本投资报酬率、历年利率以及直接经济效益评价得分

年份	资本报酬率/% ①	资本报酬率得分	利率/% ②	剩余收益率/% ③=①-②	剩余收益率得分	直接经济效益得分
1978	15.50	19.21	3.24	12.26	17.75	36.96
1979	16.10	20.00	2.16	13.94	20.00	40.00
1980	16.00	19.87	2.88	13.12	18.90	38.77
1981	15.00	18.55	2.88	12.12	17.56	36.11
1982	14.40	17.76	2.88	11.52	16.76	34.52
1983	14.40	17.76	2.88	11.52	16.76	34.52
1984	14.90	18.42	2.88	12.02	17.43	35.85
1985	13.20	16.18	2.88	10.32	15.15	31.33
1986	10.60	12.76	2.88	7.72	11.66	24.43
1987	10.60	12.76	2.88	7.72	11.66	24.43
1988	10.40	12.50	2.88	7.52	11.39	23.89
1989	7.20	8.29	2.88	4.32	7.10	15.39
1990	3.20	3.03	2.16	1.04	2.71	5.73
1991	2.90	2.63	2.16	0.74	2.31	4.94
1992	2.70	2.37	2.16	0.54	2.04	4.41
1993	3.20	3.03	1.80	1.40	3.19	6.22
1994	2.60	2.24	1.80	0.80	2.39	4.62
1995	1.90	1.32	1.80	0.10	1.45	2.76
1996	1.00	0.13	1.98	−0.98	0.00	0.13
1997	0.90	0.00	1.71	−0.81	0.23	0.23
1998	0.93	0.04	1.44	−0.51	0.63	0.67
1999	2.13	1.62	0.99	1.14	2.84	4.46
2000	4.89	5.25	0.99	3.90	6.54	11.79
2001	4.58	4.84	0.99	3.59	6.13	10.97
2002	5.69	6.30	0.72	4.97	7.98	14.28
2003	6.72	7.66	0.72	6.00	9.36	17.01
2004	9.60	11.45	0.72	8.88	13.22	24.66

表4-5（续）

年份	资本报酬率/% ①	资本报酬 率得分	利率/% ②	剩余收益率/% ③=①-②	剩余收益 率得分	直接经济 效益得分
2005	10.96	13.24	0.72	10.24	15.04	28.28
2006	12.44	15.18	0.72	11.72	17.02	32.21
2007	11.98	14.58	0.81	11.17	16.29	30.87
2008	8.02	9.37	0.36	7.66	11.58	20.95

注：本表中资本报酬率1998年以前的数据是根据《中国统计年鉴》（1996—1998）的相关数据计算而得，1998年以后的资本报酬率数据是根据《中国财政年鉴》（2009）计算得来；利率则采用了中国人民银行公布的活期储蓄存款利率，若遇利率调整年份，我们统一采用该年度12月31日的利率作为本表核算基础。

在以上分析的基础上，我们将国有资本投资报酬率和剩余收益率的发展趋势与直接经济效益评价得分的时间序列进行简单的趋势分析（见图4-4与图4-5）。我们发现这两个指标的发展趋势与国有资本直接经济效益的发展趋势高度吻合，这表明无论资本报酬率还是剩余收益率都能很好地解释国有资本的直接经济效益。另外，通过对图4-4的直观分析，我们发现国有资本报酬率和剩余收益率呈现先降后升再下降的"N型"趋势，并且在1978—1979年为最大值，此后总是小于这个值。这是否表明改革开放初期的国有资本经济效率要高于以后各时期的经济效率呢？这种假设显然不符合现实情况。那么究竟又是什么原因造成了这种"奇怪"的数字现象呢？这与我国改革开放之前长期实行的高度的计划经济以及为确保重工业优先发展战略所实施的扭曲的"剪刀差"价格体系有着密切的关系。在改革开放之初的很长一段时间，计划经济的影响仍然存在，国有经济"大一统"的格局并未发生实质性变化，私人经济和其他经济成分的比重几乎为0。在没有其他经济成分竞争的情况下，国家经营所具有的垄断性市场资源保障、扭曲的"剪刀差"价格机制以及僵化的低工资体系，一方面为国有经济带来了大量的超额利润，另一方面也最大幅度地控制了国营部门的成本费用，这也便是改革开放之初国有经济资本报酬率"畸高"的最为重要的原因。之后，随着"增量改革"① 的逐步推进，新的经济成分和

---

① 张军（2001）认为，对于以重化工业的过度发展为特征的计划经济而言，"增量改革"实际上就意味着国家政策允许并鼓励新经济成分和新兴工业化部门（如乡镇企业、私营企业）的横向进入；而吕冰洋（2008）则认为，具有明显的渐进主义色彩的"增量改革"，其实质是在不触及或少触及既有利益格局的前提下，由新兴市场力量按市场机制进行资源配置，并由此来推动"存量改革"，并且这种渐进式改革避免了苏联和东欧改革所面临的巨大的调整成本。

新兴市场力量开始迅速扩张，市场竞争的格局也初现雏形，而国有部门落后的经营模式和僵化的管理体制开始明显地不适应新的市场环境了，这直接导致了国有经济资本报酬率的急剧下降（如图4-5所示，从1979年至1998年，国有经济资本报酬率近乎直线下滑），并且在1996—1998年下滑至最低谷，这在很大程度上与东亚经济危机的影响密不可分。1998年以后国有资本报酬率开始呈现上升趋势，我们认为，主要原因是进行了近20年的国有企业改革后，改革效果开始呈现，此外，在此期间中央政府所实施的积极的财政政策和宽松的货币政策也起到了一定程度的推动作用。2006年之后，国有资本报酬率又开始逆转向下，其主要原因在于：①在经历了近30年的国有企业改革（在表4-6中，我们对国有企业改革历程做了简要的梳理）后，改革所驱动的国有资本利润增长潜力已释放殆尽；②大量要素投入带动的粗放式利润创造方式和低端的劳动密集型生产方式已开始越来越明显地掣肘国有企业的利润增长，产业结构和产品结构调整将是未来国有资本发展的方向；③"人口红利"所带来的低廉而丰富的劳动力资源已不再是中国企业（包括国有企业）的比较优势，人力成本的逐渐上涨是任何中国企业（不仅是国有企业）都必须面对的一个难题。

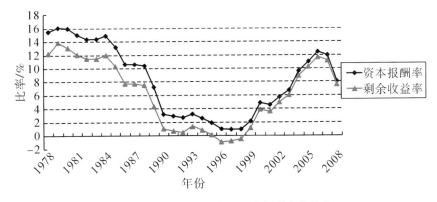

图4-4　国有资本投资报酬率与剩余收益率

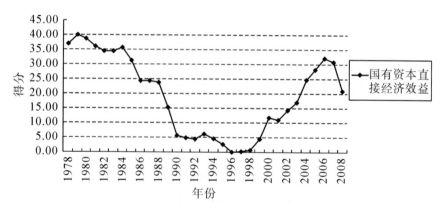

图 4-5　国有资本直接经济效益得分趋势

表 4-6　国有企业改革历程的简要梳理

时期	改革目标与内容	具体措施	相关文件
第一阶段 （1978—1992）	由传统计划经济向有计划的商品经济过渡，以国营企业为主体，以放权让利为主要内容	以"扩大企业自主权"试点为改革起点，先后实行了放权让利、改革税制、减税让利、利税分流、承包经营制、厂长（经理）负责制、租赁制和股份制试点	《关于扩大国营工业企业经营管理自主权的若干规定》《关于国营企业实行利润留成的规定》《关于国营企业利改税试行办法》等
第二阶段 （1993—2003）	向社会主义市场经济转轨；探索建立国有资产管理体制，以国有经济和国有企业为主体，以企业制度创新为主要内容	"国营企业"改称为"国有企业"，并以法律形式确立下来，由过去的国家经营转变为国家所有、企业自主经营；建立产权清晰、权责明确、政企分开、管理科学的现代企业制度	《中共中央关于建立社会主义市场经济体制若干问题的决定》《中华人民共和国公司法》《关于转换国有企业经营机制建立现代企业制度的若干意见的通知》等
第三阶段 （2004年至今）	进一步完善社会主义市场经济体制；建立并完善统一开放、竞争有序的现代市场体系；在新的国有资产管理体制下，以中央企业和大企业为主体，以发展混合经济为主要内容	设立国资委，明确国有资本出资人职能；建立现代产权制度，使股份制成为公有经济的主要实现形式；对相关重大利益关系进行调整	《中共中央关于完善社会主义市场经济体制若干问题的决定》《企业国有资本保值增值结果确认暂行办法》《关于推进国有资本调整和国有企业重组的指导意见》《中华人民共和国企业国有资产法》等

4.2.1.2 转移经济效益类指标

在构建转移经济效益类指标时，我们选取了全要素生产率。具体来说，我们的思路是：在控制劳动力存量 L_t 的基础上，按照全社会资本总量 K_{total}（即国有资本存量与社会资本存量总和）计算出 TFP_{total}，然后按照社会资本存量 K_{social}（即非国有资本存量）计算出 TFP_{social}，最后用 $TFP_{total}-TFP_{social}$ 表示国有资本的外溢经济效益。但是，直接计算 TFP 会因资本存量与劳动力存量在统计口径和换算单位上的不一致产生巨大的偏差，为避免这种局限，我们打算仍然遵循上述基本思想，但在具体计算时不采用绝对数而采用反映产出、资本和劳动增长率的相对数。根据索洛（Solow，1957）的计算方法，在规模报酬不变、竞争市场和外生的技术进步假设下，产出的增长率可以分解为

$$g_{GDP} = \alpha g_K + \beta g_t + se \qquad (4.4)$$

式中，g_{GDP} 表示产出的增长率，以 GDP 的增长率来代表产出增长率；g_K 和 g_t 分别表示资本和劳动的增长率；se 表示索洛剩余①，α 和 β 分别表示资本和劳动的产出弹性，且在规模报酬不变假设下有 $\alpha+\beta=1$ 成立。

将式（4.4）变形可以得到：

$$se = g_{GDP} - \alpha g_K - \beta g_t \qquad (4.5)$$

式（4.5）所表示的是在扣除资本和劳动要素对产出增长率的影响因素后，其他因素对产出增长率的影响程度。在这些其他因素中，我们认为，除了技术进步的贡献外，还有资本投资的外溢效应所导致的产出的长期增长。因此，我们认为在 se 中至少应包含技术进步和资本投资外溢效应②。

在选取产出、资本和劳动的增长率数据时，我们分别采用了各自的环比增长率（以 1978 年为基期），其原因在于：环比增长率所衡量的是每一年度相对于上一年度的增长水平③，这一方面能够反映每个年度新增加的要素投入对产出的贡献程度；另一方面，将时间均等划分（划分为以 1 年为基本单位）极大地削弱了技术进步对产出的影响，这是因为在一个年度这么短的时期内，技

---

① 所谓索洛剩余，最早由索洛（1957）提出，并将其称为"我们无知的度量"。该值所度量的是不能直接观测的其他因素（除资本和劳动以外的其他因素）对产出增长率的贡献。通常情况下，多数经济学家都将其看成技术进步对产出增长率的影响。

② 正如前文所述，通常情况下 se 都被看成技术对产出的影响因素，而很少有人将其用于度量资本投资的外溢效应，我们在此做了一个大胆的尝试。或许这种尝试存在诸多不完美之处，但我们认为这种方法至少在理论上是具有可行性的。

③ 以 GDP 的环比增长率为例。$g_t = \dfrac{GDP_t - GDP_{t-1}}{GDP_{t-1}} \times 100\%$，$g_t$ 表示第 t 年 GDP 的环比增长率，GDP_{t-1} 和 GDP_t 分别表示第 $t-1$ 年和第 t 年的 GDP 数量。

术进步因素的影响会被大幅度地降低（技术进步实际上与时间变量的积累有着密切的关联，如1989年相对于1978年的技术进步毫无疑问肯定比1979年相对于1978年的进步要大得多）。也就是说，采用环比增长率实际上是控制了技术进步因素，那么在se中的剩余部分就是资本投资外溢效应和极少的技术进步对产出的贡献了。如果粗略计算的话，我们直接将国有资本投资的环比增长数据与劳动、GDP的环比增长数据代入式（4.5），就能得到国有资本的转移经济效益了。出于精确计算的要求，在式（4.5）的基础上，运用差值计算方法得出了较为精确的国有资本转移经济效益。

承上所述，我们将全社会资本（包含国有资本和非国有资本）增长率数据代入式（4.5），就得到了全社会资本投资的外溢效应和极小的技术进步对产出的贡献程度，即

$$se_1 = g_{GDP} - \alpha g_{K_{total}} - \beta g_L \tag{4.6}$$

然后，将非国有资本投资增长率代入式（4.5）则得到了非国有资本投资的外溢效应和极小的技术进步对产出的贡献程度，即

$$se_2 = g_{GDP} - \alpha g_{K_{total}} - \beta g_L \tag{4.7}$$

最后，用式（4.6）-式（4.7），则有

$$se_1 - se_2 = \alpha \left(g_{K_{total}} - g_{K_{social}} \right) \tag{4.8}$$

式（4.8）左边所表示的是通过差值计算法抵减掉极少的技术性因素后的国有资本投资的外溢经济效益（转移经济效益），右边是通过资本弹性和全社会资本总量增长率与非国有资本投资增长率所计算的国有资本外溢经济效益。我们根据张军（2001）计算出的资本产出弹性（$\alpha = 0.499$）得到了图4-6所示的国有资本外溢经济效益指标。在图4-6中，自1979年至1985年国有资本外溢经济效益从26.34%下降至-2.78%，这与该期间国有经济直接经济效益整体下滑和国有经济比重下降以及国有资本投资边界收缩有着紧密关系；1985—2000年，国有资本转移经济效益基本在-5%到5%的范围内波动，这主要是国有企业改革减负、市场结构变化以及国有企业从竞争行业退出等多方力量综合作用的结果；2000年以后，国有资本外溢经济效益呈明显的快速上升趋势，这与该时期大规模的国有资本基础设施投资和国有企业经济效益利好有着直接关系。

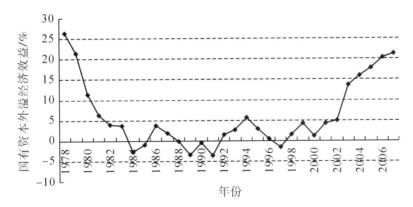

图 4-6　抵消技术因素后的国有资本外溢经济效益

在此基础上，我们运用式（4.3）的计算公式对国有资本外溢经济效益进行评分，评分结果如图 4-7 所示。

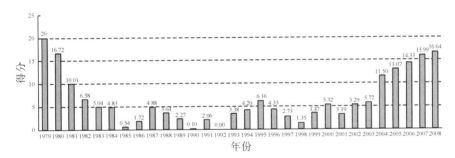

图 4-7　国有资本外溢经济效益得分

最后，对国有资本直接经济效益和外溢经济效益得分情况进行汇总，则得到国有资本经济效益总得分情况，如图 4-8 所示。

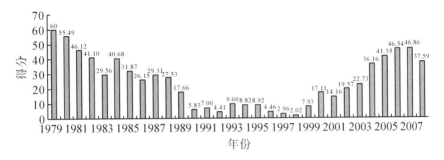

图 4-8　国有资本经济效益总得分情况

4.2.2　基于社会效益的指标体系创建

我们认为，社会的发展与进步归根结底来自人类自身的发展与进步。因此，在创建社会效益评价指标体系时我们秉承"以人为本"的宗旨，从人类自身的需求与发展出发，充分体现人文关怀。具体来说，我们按照生活状况、受教育水平、自然环境状况和社会环境状况将社会效益指标体系划分成了四个维度①（如图4-9所示），然后分别对这四个维度赋权并选取具体的计量指标来度量各个维度。我们之所以进行如此划分，其理由在于：首先，生活状况类指标直接反映了人类最基本的物质生活需求，富足而体面的生活方式和生存状态是社会发展的重要标志；其次，受教育水平反映了人类在追求自我发展、适应社会进步方面所具备的可能和潜力，良好的教育是在物质生活得到满足的前提下进行的人类自身开发的努力，是社会发展和人类文明高度发达的根本体现；再次，自然环境状况类指标则是从人类赖以生存的客观环境方面来反映人类活动对自然环境的保护（或破坏）程度，它直接反映了人类生存状态的安全与否以及人类发展的可持续与否；最后，社会环境状况类指标则从社会安全（稳定）和社会公平两个具体方面来反映社会发展的状况。

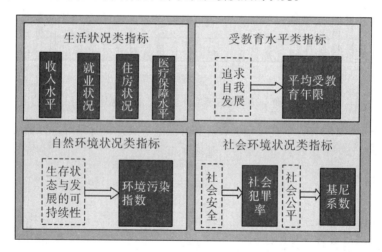

图4-9　社会效益评价的四维指标体系创建

---

①　由于国有资本投资具有明显的外溢效应，会对生活状况、受教育水平、自然环境状况与社会环境状况等方面产生影响，因此，我们在构建社会效益评价指标体系时选取了上述四个维度。

此外，按照马斯洛（Maslow，1943）需求层次理论（见图4-10），我们将各类指标进行了归类（见表4-7），分类结果表明我们所选取的度量社会效益的各类指标完全可以纳入需求理论的框架。换言之，从人文关怀角度出发所选取的指标完全符合人类自身发展的需求，通过"人的发展"来折射出社会发展状况①。

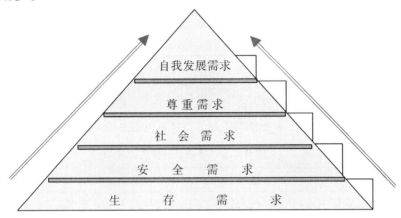

图4-10　马斯洛需求层次

表4-7　对马斯洛需求层次的解释及对应指标维度

需求层次	简要阐述与具体表现	对应指标
生存需求（最低层级）	是最基本的物质需求（衣食住行）、生存的本能需求，只有该需求得到满足后，其他更高层级的需求才会产生	收入状况、住房条件
安全需求（第二层级）	对生命安全、身体安全、财产安全等方面的渴求，希望生活在一种安全的状态下，使生命、身体、财物、事业免遭威胁	自然环境安全、社会安全、医疗保障
社会需求（第三层级）	是一种情感上的需求，主要表现为对友爱的需求和对归属感的需求：渴望与伙伴、同事关系融洽，保持友谊与忠诚；希望爱别人也希望得到他人的爱；希望被群体所接受并成为群体中的一员	社会公平状况

① 联合国开发计划署（UNDP）所采用的人类发展指数（HDI）分别从体面的生活、教育状况和健康状况三个方面来度量人类社会的发展水平。我们在借鉴HDI构建的思想时，又将马斯洛需求理论引入指标构建的框架，在此基础上，又充分参阅了已有文献中有关社会发展指标体系构建的研究成果。比如，国家统计局课题组：《和谐社会统计监测指标体系研究》（载于《统计研究》，2006年第5期）；李峰：《中国社会和谐度研究——基于1997—2007年实证分析》（载于《当代经济科学》，2009年第2期）等。

表4-7(续)

需求层次	简要阐述与具体表现	对应指标
尊重需求 （第四层级）	是一种对成就感的需求，希望个人能力和成就得到组织和群体的认可，并获得来自群体其他成员的尊重以及稳定的社会地位	工作就业状况
自我发展需求 （最高层级）	通过努力与奋斗实现个人理想和抱负，并将个人潜力发挥到最大；处于这种需求状态的人总是充满活力与激情，满怀信心、满腔热情	受教育水平

我们对生活状况、教育状况、自然环境和社会环境状况四类指标进行了进一步的分解（见图4-9），并在此基础上提出了具有操作性和度量性的具体的计量指标（见表4-8），并分别对各具体指标进行了赋权。

表4-8　国有资本社会效益评价的计量指标

指标维度	指标分解	具体计量指标	权重/%
生活状况 （20%）	收入水平	人均GDP	5
	就业状况	失业率	5
	住房状况	人均居住面积	5
	医疗保障水平	人均卫生投入	5
教育状况（10%）	受教育程度	平均受教育年限	10
自然环境状况(5%)	环境污染（保护）程度	环境投资	5
社会环境状况 （5%）	社会安全状况	社会犯罪率	2.5
	社会公平状况	基尼系数	2.5

在确立各个具体计量指标并分别对其赋权之后，我们得到了各个计量指标的计算结果（见表4-9）。其中，"人均居住面积"我们选取的是《中国统计年鉴》中提供的城市人均住宅面积；对于"环境投资"，我们并未采用直接投资金额，而采用了该年度的投资额占当年GDP的比重来度量；而对于"平均受教育年限"，我们则根据《中国统计年鉴》所提供的相关数据进行了计算（具体计算过程请参阅本书附录部分）。

表4-9　各计量指标计算结果

年份	人均GDP/元	失业率/%	人均居住面积/m²	人均卫生投入/元	平均受教育年限/年	环境投资/%	犯罪率/%	基尼系数
1978	381	5.3	6.7	11.45	3.01	0.43	1.31	0.214
1979	419	5.6	7.2	12.94	3.11	0.45	1.39	0.240
1980	463	4.9	7.2	14.51	3.23	0.49	1.47	0.241
1981	492	3.8	7.6	16.00	3.34	0.52	1.56	0.288
1982	528	3.2	7.9	17.46	3.45	0.55	1.66	0.250
1983	583	2.3	8.4	20.14	3.57	0.53	1.75	0.264
1984	695	1.9	8.7	23.20	3.70	0.48	1.86	0.297
1985	858	1.8	10.0	26.36	3.82	0.47	1.97	0.266
1986	963	2.0	12.4	29.38	3.77	0.86	2.09	0.297
1987	1 112	2.0	12.7	34.73	3.71	0.76	2.21	0.305
1988	1 366	2.0	13.0	43.96	3.66	0.81	2.35	0.382
1989	1 519	2.6	13.5	54.61	3.97	0.72	2.49	0.349
1990	1 644	2.5	13.7	65.37	4.28	0.65	2.64	0.343
1991	1 893	2.3	14.2	77.14	4.59	0.63	2.80	0.324
1992	2 311	2.3	14.8	93.61	4.89	0.84	2.96	0.376
1993	2 998	2.6	15.2	116.25	5.18	0.85	3.14	0.359
1994	4 044	2.8	15.7	146.95	5.45	0.70	3.34	0.436
1995	5 046	2.9	16.3	177.93	5.71	0.62	3.53	0.445
1996	5 846	3.0	17.0	221.38	5.96	0.60	3.75	0.458
1997	6 420	3.1	17.8	258.58	6.19	0.68	4.26	0.403
1998	6 796	3.1	18.7	294.86	6.40	0.92	4.23	0.403
1999	7 159	3.1	19.4	321.78	6.62	1.02	4.79	0.397
2000	7 858	3.1	20.3	361.88	6.85	1.13	5.05	0.417
2001	8 622	3.6	20.8	393.80	7.08	1.14	5.85	0.490
2002	9 398	4.0	22.8	450.75	7.33	1.30	5.46	0.454
2003	10 542	4.3	23.7	509.50	7.59	1.39	5.74	0.530
2004	12 336	4.2	25.0	583.92	7.87	1.19	5.88	0.460

表4-9(续)

年份	人均GDP /元	失业率 /%	人均居住 面积/m²	人均卫生 投入/元	平均受教育 年限/年	环境 投资/%	犯罪率/ %	基尼 系数
2005	14 053	4.2	26.1	662.30	8.15	1.30	6.44	0.470
2006	16 165	4.1	27.1	748.84	8.46	1.22	6.76	0.496
2007	19 524	4.0	27.1	854.43	8.77	1.36	7.05	0.500
2008	22 698	4.2	28.3	915.00	9.09	1.49	7.59	0.469

注：本表数据中"人均GDP"和"人均居住面积"来源于《中国统计年鉴》（2009）；"失业率"来源于《中国财政年鉴》（2009）；"人均卫生投入"来源于原卫生部卫生经济研究所；《2008中国卫生总费用研究报告》；"基尼系数"则参照了国家统计局计算结果以及中国社会科学院与世界银行的计算结果。除此之外，其他数据均为作者根据《中国统计年鉴》《中国环境年鉴》以及《中国环境统计公报》和《中国行政司法年鉴》所提供的相关数据计算得来。

在以上数据基础上，我们又对"失业率""犯罪率"和"基尼系数"三个指标进行了负数化处理（因为这三个指标与社会效益呈现负相关性），然后将其代入式（4.3），便得到了各具体计量指标的得分情况（见表4-10）。

表4-10　各指标维度得分情况

年份	生活状况 得分	受教育 状况得分	自然环境 状况得分	社会环境 状况得分	社会效益 得分	经济效益 得分	综合效益 得分汇总
1978	0.39	0.00	0.00	5.00	5.39	—	—
1979	0.14	0.16	0.09	4.77	5.16	60.00	65.16
1980	1.08	0.36	0.28	4.72	6.44	55.49	61.93
1981	2.63	0.54	0.42	4.32	7.91	46.12	54.03
1982	3.50	0.72	0.57	4.58	9.37	41.10	50.47
1983	4.83	0.92	0.47	4.43	10.65	29.56	40.21
1984	5.47	1.13	0.24	4.13	10.97	40.68	51.65
1985	5.95	1.33	0.19	4.33	11.80	31.87	43.67
1986	6.29	1.25	2.03	4.04	13.61	26.15	39.76
1987	6.42	1.15	1.56	3.92	13.05	29.31	42.36
1988	6.6	1.07	1.79	3.26	12.72	27.53	40.25
1989	6.01	1.58	1.37	3.46	12.42	17.66	30.08
1990	6.28	2.09	1.04	3.45	12.86	5.83	18.69

表4-10(续)

年份	生活状况得分	受教育状况得分	自然环境状况得分	社会环境状况得分	社会效益得分	经济效益得分	综合效益得分汇总
1991	6.78	2.6	0.94	3.54	13.86	7.00	20.86
1992	7.10	3.09	1.93	3.07	15.19	4.41	19.60
1993	7.09	3.57	1.98	3.13	15.77	9.60	25.37
1994	7.33	4.01	1.27	2.44	15.05	8.82	23.87
1995	7.74	4.44	0.90	2.29	15.37	8.92	24.29
1996	8.18	4.85	0.80	2.10	15.93	4.46	20.39
1997	8.58	5.23	1.18	2.33	17.32	2.96	20.28
1998	9.08	5.58	2.31	2.35	19.32	2.02	21.34
1999	9.47	5.94	2.78	2.17	20.36	7.93	28.29
2000	10.06	6.32	3.30	1.91	21.59	17.11	38.70
2001	9.86	6.69	3.35	1.01	20.91	14.16	35.07
2002	10.29	7.11	4.10	1.45	22.95	19.57	42.52
2003	10.69	7.53	4.53	0.74	23.49	22.73	46.22
2004	11.93	7.99	3.58	1.24	24.74	36.16	60.90
2005	12.99	8.45	4.10	0.94	26.48	41.35	67.83
2006	14.31	8.96	3.73	0.60	27.60	46.54	74.14
2007	15.77	9.47	4.39	0.45	30.08	46.86	76.94
2008	16.84	10.00	5.00	0.49	32.33	37.59	69.92

注：由于前文在计算外溢经济效益时使用的是以1978年为基期的环比增长率，1978年的数据未进入核算数据，故在本表计算综合效益得分时就造成了1978年的得分缺失。本表中经济效益得分数据来源于图4-8。

从图4-11中，我们发现，居民生活状况、受教育状况与自然环境状况得分呈现明显的增长趋势，而社会环境状况得分则呈现下滑趋势：①生活状况方面。该指标得分趋势有显著的阶段性（1978—1997年为第一阶段，1998—2000年为第二阶段，2001—2008年为第三阶段）。在经历第一阶段的高速增长后在1998年后这种增长势头小幅下挫，但这种趋势持续的时间相当短（从图4-11中观察大约为1年），我们分析出现这种增幅下挫情况的主要原因在于

1997 年爆发的东南亚经济危机对中国经济和居民生活的冲击；进入第二阶段后，增长幅度较第一阶段要小，但仍然呈现强劲的增长趋势；进入第三阶段后，增长速度明显加快（从图 4-11 中可以发现，第三阶段的增长速度比第一、第二阶段要快）。我们认为这主要得益于两个方面，第一是经历了二十多年的改革开放之后，中国经济已奠定了牢固的物质基础，社会物质财富已较为丰富，居民物质生活状况也有了大幅提升，改革开放的成果正在逐步惠及 13 亿人口；第二是长期以来中国政府所实行的严格的人口控制政策开始显现效果（因为我们的指标是以人均为依据计算所得，故人口增长放缓对于结算结果也有着显著影响。2000 年后中国人口自然增长率明显放缓，由 1978 年的 12% 下降至 2000 年的 7.58%，2001 年继续下降至 6.95%，并且这种增长衰减趋势一直持续着），而一直以来中国政府在民生改善和社会发展方面所做的各种努力也开始显现成效。②受教育水平方面。该指标的发展趋势也有明显的阶段性（1978—1990 年为第一阶段，1991—2008 年为第二阶段），第一阶段的居民受教育状况呈现较缓的增长趋势；到了第二阶段，从 1991 年开始该项指标得分的增长速度明显加快，这得益于 20 世纪 90 年代所进行的一系列的教育体制改革以及中央和各级地方政府在教育领域所进行的卓有成效的投资。③自然环境状况方面。改革开放初期，国民环保意识并不是很强，政府在环保领域的投资力度也不够（20 世纪 80 年代初全国环保投资只有 25 亿元左右，仅占同时期GDP 的 0.5% 左右），这直接导致了这一时期环境指标得分最低。进入 20 世纪90 年代，政府开始加大环保领域投资，并加强对环境污染行为的惩罚与治理力度，这就使得该时期的自然环境状况得分较前一时期有了显著改观。进入21 世纪后，随着全球范围环保意识的显著增强以及对社会可持续发展的追求，中国政府大幅增加了对环保领域的投资并开始重塑环保职能部门的行政与监管权力，这便导致了该时期自然环境状况得分的大幅增加。④社会环境状况方面。从图 4-11 中我们发现，除了该指标维度呈逐年下降趋势外，其他三个指标均与经济增长呈正相关性。之所以出现这种情况，我们认为，这与近年来逐渐扩大的社会贫富差距与日益增强的生存压力有着直接关系。国有资本的经济效益、社会效益与综合效益得分如图 4-12 所示。

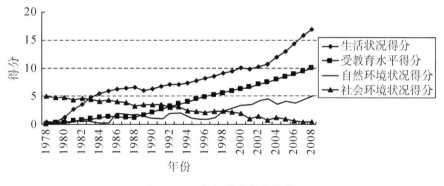

图 4-11　指标维度得分趋势

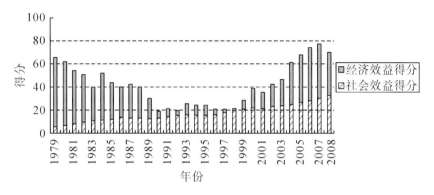

图 4-12　国有资本的经济效益、社会效益与综合效益得分

4.3　本章小结

　　本章内容的核心部分实际上由两个方面构成，即国有资本投资的传统评价方法与新的综合效益评价体系。首先，我们对传统评价方法中的财务指标评价法与全要素生产率评价法做了简要的介绍与回顾，并在此基础上分别对两者的优缺点进行了评述。通过对两种方法进行的探讨与研究，我们认为，两者实际上都只强调了国有资本投资的经济效益，而对国有资本投资的社会效益完全没有涉及，这种缺陷的直接后果就是对国有资本特殊属性（社会职能）的抹杀与否定。基于此，我们创建了全新的国有资本投资的综合效益评价指标体系，具体来说：首先，将国有资本投资的综合效益划分为经济效益与社会效益两个方面，并分别对两者进行了赋权（经济效益类指标总体赋权为60%，社会效

益类指标总体赋权为 40%）。其次，重构了经济效益的评价体系，并结合改革开放以来的相关数据，对国有资本投资的经济效益类指标进行了评分。再次，创建了国有资本投资的社会效益评价指标体系，在创建该指标体系时，我们秉承了"以人为本"的思想，在对已有文献和成果（尤其是联合国开发计划署的《人类发展报告》和《中国人类发展报告》）进行广泛而深入的研究的基础上，分别从生活状况、受教育水平、自然环境状况和社会环境状况四个维度进行了具体计量指标的创建。在创建这个新的指标体系的过程中，我们充分论证了该指标体系的理论基础、科学性和合理性。最后，我们以中国经济和社会发展过程中的经验数据为基础对国有资本投资的综合效益进行了全方位、多角度的评价与分析，并且在分析的过程中力图将这些数据还原到真实的历史和时代背景中去，从而使我们的结论更加客观、公正，并具有广阔的社会视角。

5 结论与政策建议

正如我们所指出的那样，要研究中国经济问题，任何研究者都难以回避国有资本领域的相关问题。正是基于国有资本在中国特色社会主义市场经济中举足轻重的地位，我们将研究的重点放在了该领域，而近年来有关国有资本效益的争论却一直难以达成一致。鉴于此，我们认为有必要从已有研究的窠臼中走出来，将国有资本研究的视角置于更广阔、更具中国特色的时代变革之中，不仅要关注国有资本投资所产生的经济效益，同样也要关注其社会效益，尤其是对国有资本投资社会效益所展开的开拓性的研究（也许并不完善）必将为后续的国有资本领域的理论探索开辟一条新的路径。

在整个研究过程中，我们从已有文献出发，对这些研究成果进行了梳理与回顾，批判性地借鉴了相关成果，对国有资本进行了历史考察、理论探讨与现实分析，对研究过程中有可能涉及的关键概念进行了科学界定；在此基础上，我们又对国有资本投资效益的含义与决定因素进行了详尽的研究与论述。之后，我们又创建了国有资本投资的评价方法与指标体系，该体系的创建改变了过去以经济效益论"英雄"的片面的评价模式，有助于从更客观、更公正、更全面的角度了解国有资本投资。最后，我们从经济模型和实证研究的角度，定量分析了国有资本投资与经济增长和社会发展之间相互关系，指出了国有资本投资在中国经济体制变革与社会转型时期的重要作用与重大意义。通过前文的研究，我们得出了如下研究结论，并提供了相关政策建议。

5.1 研究结论

（1）资本并非独属于资本主义社会的一个特定的历史范畴，它不仅存在于资本主义社会，也客观存在于社会主义社会。作为一种稀缺的经济资源，资本（无论国有资本还是私人资本）为我国社会主义初级阶段的经济增长与社会发展做出了巨大贡献。作为一种社会生产关系，资本主义社会中的资本，体现了"资本雇佣劳动"并无偿占有劳动所创造的剩余价值的剥削本质，而在社会主义公有制条件下，生产资料公有制的内在规定性决定了任何个体劳动者并不现实地占有生产资料，而只是拥有劳动能力，这就意味着社会主义公有制条件下的资本实际上体现的是劳动者集体利益与个人利益之间的平等的社会关系。此外，我国社会主义初级阶段的基本国情决定了在很长一段时期内公有资本与非公有资本的共同存在与共同发展将是一个客观现实。但有一点必须明确，那就是体现社会主义市场经济基本特征的资本必须是公有资本。我们在科学利用非公有资本的要素贡献力量时，一方面要积极鼓励和引导私有资本的健康发展，另一方面也要防止非公有资本权力的无限扩张造成对社会主义公有制的损害与吞噬。

（2）国有资本的存在与发展不仅有着科学的理论依据，也有着客观的现实意义。按照马克思国家权力学说思想，从复杂的社会关系中抽离出来的财产权力是一种与国家政治权力相对应的权力，即国家以财产所有者身份获取财产权力。作为国家财产权力集中体现的国有资本同样也是生产资料所有制的集中反映：社会主义生产资料的公有制决定了社会主义的国家，其政权与国家意志必须维护和巩固以公有制为基本特征的社会主义财产权力，并通过这种财产权力来获取利润，以进一步发展和壮大社会主义国有经济，并为社会主义的经济与社会发展提供强大的物质基础。另外，作为社会主义市场经济条件下的国有资本既具有资本的一般属性（保值增值），同时又有区别于一般资本的特殊属性（国有资本的社会职能）。也就是说，国有资本在追求保值增值并为国家创造利润的同时，还承担着相应的社会职能，如宏观调控、政权稳定、经济助推、民生改善与国际竞争等职能。正是这些功能与职能，决定了中国特色社会主义市场经济中国有资本的重要地位与重大意义。

（3）国有资本投资对中国经济增长与社会发展具有长期促进作用。通过对国有资本投资的经验分析，我们发现，改革开放以来国有资本投资波动与中国经济增长波动呈现明显的正相关性。换言之，国有资本固定资产投资所创造的大量内需，极大地刺激了中国经济，但同时似乎也存在"粗放式增长"的特征。尤其是 20 世纪 90 年代初以后，大规模国有资本投资所创造的经济开始出现东亚经济所面临的增长持续性困境，并且相对于经济总量产出的增长，国有资本投资增长趋势更加明显，国有资本要素性投入的增长对经济增长的贡献率呈逐年上升趋势，而国有资本重复投资、过度投资的现象也逐渐显现。因此，对于以大量国有资本固定资产投资为动力的经济增长模式，其最大的挑战也许并不在于转型社会市场化与工业化程度是否够高，而在于如何合理调整长期以来中国经济所表现出的高投资、低消费的市场失衡以及如何避免过度依靠国有资本投资所产生的路径依赖。

（4）国有资本投资效益并不必然低于非国有资本。过去的研究总是片面地从经济效益出发来考察国有资本投资，而并未对特殊的时代背景和国有资本的特殊职能进行考量，结果就得出了国有资本低效（Kornai，1988；Woo，1994；Majumdar，1996；Sachs，1997；Perkins，1999；樊纲，1996；张维迎，1996，2001）的武断的结论。而通过对国有资本投资经济效益与社会效益的全面考察以及对转型时期国有资本所承担的特殊职能的充分研究，我们发现，在将社会效益纳入评价体系后，国有资本效益并不必然低于非国有资本。经济效益只是国有资本一般属性的体现，而社会效益则是国有资本特殊属性的反映。要全面、客观、公正地评价国有资本，就不能仅仅将其作为一般资本来对待，更不能机械地使用一般资本的评价方法。

（5）在合理界定国有资本投资边界后，国有资本投资对非国有资本具有显著的挤入效应。国有资本投资并不必然对非国有资本产生排斥与挤压，但是，当国有资本投资边界和投资规模呈现无限扩张趋势时，就会对非国有资本的生存空间造成侵害，从而形成挤出效应；而且国有资本过度投资所造成的"资本拥挤"还会极大地降低资本投资效率。当国有资本投资边界与投资规模被合理界定后，国有资本投资不仅不会将非国有资本从投资领域"挤出"，还会带动非国有资本"进入"。也就是说，国有资本投资对非国有资本是否具有"挤入"或"挤出"效应，主要取决于国有资本投资边界与投资规模是否合理。因此我们认为，合理界定国有资本投资边界与投资规模将是提高与改善国有资本投资效益的重要途径。

（6）从长期来看，国有资本制度变革对国有资本投资效益有着显著的改善作用。制度变革对于国有资本投资效益的改善存在明显的时滞性，改革的效果通常在当期甚至随后很长一段时间内并不会显现出来。但是通过实证分析我们发现，国有资本制度变革对国有资本投资效益的改善存在长期效应。也就是说，尽管在有些时期国有资本制度变革的效果与预期存在一定程度的背离，但从长期来看，我国的国有资本制度变革正在向着预期方向发展。但是依靠国有资本制度变革来改善国有资本投资效益并促进经济增长并不是我们给出的合理建议，我们认为，保持一种科学合理的国有资本经营与管理制度的连贯性与稳定性，无论对投资效益改善还是经济增长抑或社会发展都是至关重要的，过于频繁的制度变革并不必然导致良好效果，并且单纯依赖国有资本制度变革所驱动的经济增长其持续性往往也极为脆弱。一个严谨的研究者对国有资本制度变革应具有审慎的态度与科学的判断。

5.2　政策建议

（1）合理界定国有资本投资边界与投资规模，防止国有资本过度投资与重复投资。正如前文我们所指出的那样，当国有资本投资边界与投资规模出现无限扩张趋势时，会造成资本拥挤状况的出现，降低资本效益，并影响经济增长质量。因此，合理界定国有资本投资边界与投资规模将是提高国有资本投资效益最重要的途径之一。总体而言，国有资本投资应包含以下领域：首先，关系国计民生和国家战略利益与长远利益的巨型投资项目应由国有资本投资来完成，这是因为这类投资项目往往需要巨额投资，会大大超出私人资本的承受范围，尽管投资前景良好，但私人资本无能为力。另外，这类投资往往周期太长，会超出私人资本的回报等待底线。其次是自然垄断行业的项目投资，这类投资的主要特点是大规模资本投入所导致的规模报酬递增规律会自发地形成垄断。也就是说，由一个或少数几个大规模企业进行生产要比多个小规模企业同时进行生产的资源利用效率高得多，该类投资所需的巨额资本需求量也是私人资本望尘莫及的。并且出于对消费者利益的保护，这类垄断投资项目更适合由国有资本投资。最后是具有外部经济性的投资项目和公共物品投资项目，由于该类投资项目的私人边际成本大于社会边际成本而私人边际收益却又小于社会边际收益，所以私人资本一般不会"问津"，但从全社会的角度来说，这种投资项目又是不可或缺的，因此，也只能由国有资本或政府投资来完成。

此外，要确定国有资本投资的合理边界与合理规模还应充分考虑经济发展阶段。具体而言：①当经济发展处于早期阶段时，经济增长、国民财富增加以及国民物质生活改善是政府要解决的首要问题，而在该时期，社会资本积累较为薄弱、基础设施较为落后、社会发展所需的大量固定资产投资也较为滞后。因此，在该时期，国有资本投资领域也较为宽广，既可以大量投资于基础设施领域，如交通、能源、水利、通信等行业，也可以广泛投资于有可能成为未来经济增长点的支柱产业（包括高竞争行业）。该时期的资本需求量也很大，因此国有资本投资也是多多益善，但由于经济发展处于初期阶段，资本稀缺问题也较为严重，这就在客观上限制了国有资本投资规模的扩张。②当经济发展处于中期阶段时，早期的资本积累和基础设施建设已基本完成，政府关注的重点也开始有所转移。在该时期，经济增长、社会物质财富增加仍然是政府关注的重点，但与此同时，政府也开始注重社会财富分配的公平问题以及社会安定和国民生活质量①的提高（"效率优先，兼顾公平"）。该时期，国民经济的各个产业也得到了较大的发展，经济增长的基础性投资也基本完成，私人资本实力也显著增强，因此，在该时期国有资本在基础设施和高竞争领域的投资应逐步趋缓，投资比重也应逐步降低，国有资本投资领域和投资规模都呈逐步收缩趋势。此时，国有资本在对经济领域进行投资的同时，还应对公共领域进行投资，如教育、医疗、卫生等领域。③当经济发展处于成熟阶段时，一方面经济仍然要持续发展，另一方面社会公平与社会稳定也要保持，因此，该时期政府的目标是经济发展与社会公平都需同等重视（效率与公平并重）。此时，国有资本投资的重点领域，如民生、环境、教育、卫生、安全等行业，可以通过国有资本在这些领域的重点投资来改善民生、提高社会福利、增强国民幸福感。

（2）调整与优化国有资本投资结构，转换经济增长方式。改革开放以来，我国国有资本投资呈现出两种非均衡状态：第一种表现为国有资本投资的行业性失衡，即国有资本在某些行业（如钢铁、水泥、电信等）投资规模过大、投资密度过高、行业集中度过高，而在另一些需要国有资本加大力度投资的行业（如医疗、环境、教育等）却出现了投资不足、资本匮缺的情况；第二种表现就是国有资本投资的区域性失衡，即国有资本在东部沿海地区的投资明显要强于西部地区，国有资本在东西部所形成的"梯度投资"格局，既影响了国有资本投资效益的整体提高，也在一定程度上加剧了中国经济发展的区域失衡。针对这两种失衡，我们认为，可以从调整国有资本投资结构入手，进一步转换经济增长方式。具体而言有以下措施：①有"进"有"退"，有所为、有所不为，使国有资本进一步向关系国家安全和掌握国民经济命脉的重要行业和关键领域集中，继续加大对民生领域和公共服务的投入力度，"使国有资本集中投向特定产业链中市场机制难以发挥作用，或需要重点控制的基础产业、基础服务、基础设施、基础原料、关键技术和关键工序"②。同时，要合理收缩

---

① 生活质量的提高不仅表现为国民物质生活状况的改善，还包括国民精神生活需求的满足、自我发展愿景的实现以及良好的社会公平状况和国民幸福感知度的普遍提高。因此，当经济发展到一定阶段以后，如何提高国民幸福指数，也将是转型社会所面临的一个重要问题。

② 李荣融在"产业发展高层论坛"上的讲话。

国有资本投资范围，通过一些差别化财政政策推动技术进步和产业升级，淘汰落后产能，使国有资本从一些高能耗、低效率或高度竞争的产业退出。②加大对中西部地区和农村地区的国有资本投资力度，改善中西部地区和农村地区的基础设施配置状况。改革开放以来，国家政策有意识地向东部沿海地区倾斜，国有资本大规模地投资于东部沿海地区，使得该地区经济发展走在了中国其他地区的前列。并且在政策倾斜与国有资本投资引导下，东部沿海地区的资本、技术、人才等优势得到了显著加强，促进了东部沿海地区经济的飞速发展，而西部地区和农村地区由于在初始禀赋以及后发的资本投入上的劣势，其发展一直处于落后状态。就目前的情况来看，这种"东强西弱"的失衡状态已经严重地制约了中国经济的均衡发展，因此在改善这种不合理的二元结构时，国有资本投资的区域性调整就显得尤为重要了。通过加大对中西部地区和农村地区的国有资本投资和国有资本收益分配的再投资来引导其他资本流入，有助于促进西部和农村地区的经济发展。③转换经济增长方式。在过去很长一段时期，大规模国有资本投资所带来的经济高速增长，实际上是一种粗放式的经济增长。这种高要素投入、低回报的增长方式在中国经济腾飞的早期确实发挥了巨大的作用①，但是，当中国经济步入转型时期和结构调整阶段时，原有的依赖高要素投入的增长模式已开始出现明显的持续增长乏力趋势，因此，使国有资本向一些能够代表国家核心竞争力的产业转移，不仅可以提高国有资本投资效益，还可以提高国民经济增长质量。

（3）进一步完善国有资本投资管理体制与经营模式。我国现行的国有资本管理体制遵循了党的十六大所提出的"分级管理"思想所建立的"分级产权、分级监管、授权经营"的管理模式。在这种模式下，由国有资产监督管理委员会（简称"国资委"）、国有资本运营机构（国有控股公司）和国有企业所构成的三级管理架构，一方面解决了国有资本所有者"缺位""越位"和"不到位"的问题，实现了国有资本的实物管理向价值管理的转变和行政管理向市场化管理的转变；另一方面，国有资本三层架构采用了"两个分离"② 原则，有利于政企分开、政资分开，有利于国有资本保值增值的实现。尽管这种模式较以前的模式有了很大改进，但在具体管理过程中也出现了许多问题，如

---

① 比如，这种增长方式曾显著地改善了低人口素质条件下的就业问题（劳动密集型的生产方式需要大量的劳动力供给），也确实为中国经济腾飞奠定了早期的物质基础。

② 所谓"两个分离"，是指国有资本所有权与管理权分离以及国有资本所有权与日常经营权分离。

国资委的监管乏力和定位模糊①以及运营不规范等。因此,我们建议:①明确国资委定位、强化国资委监管职能。首先要明确国资委不行使公共行政管理职能,而是以其资本出资享有相应的所有者权利,如收益权、重大决策权和经营者选择权等。这种权利是基于资本所有权产生的,因此,国资委对国有资本的监管是一种资产监管,而不是行政监管。其次,要强化国资委监管职能,使其有权力、有能力去维护国有资本所有者权利,督促国有资本经营企业实现国有资本保值增值目标。②在强化国资委监管职能的同时还应加强对国资委的"再监管"。具体来说,可以从两个方面入手:一方面,在现有监管体制下,设立一个仅对人民代表大会或人大常委会负责的独立于国资委的专门委员会来对国资委的国有资本出资人职能进行监管,并有权对国资委进行监督、评价与问责;另一方面,在国资委内部设立"自律委员会"或监事会来约束和监督国资委的日常行为。③规范国有资本运营机制。对国有资本运营机构应采取公司制,明确其法人地位,并对其治理结构、重大决策机制等加强监管,并明确这类中间层公司应是投资控股型,而不是业务型,其主要职能是资本经营而不是业务经营,由其对国有资本进行重组以整合优势资源、盘活存量资产,采用市场化方式对国有资本进行运营,为国家重大发展项目提供投资与融资支持。④分情况采取多种经营方式。目前主要的资本经营方式有股权经营方式、债权经营方式、托管经营方式和基金经营方式等。股权经营方式是指以持有企业股权方式参与经营管理,具体方式有包括控股、参股等,如对关系国计民生和国民经济命脉的行业则适合以控股方式参与;而对处于竞争领域的国有资本则可采取参股方式。债权经营方式是指以持有企业债券方式实现国有资本保值增值,并不具体参与企业经营。托管经营方式是指通过委托管理合同将国有资本以有偿委托方式交给具有较强经营管理能力并能承担相应经营风险的法人或机构进行经营和管理,这种方式较适合于经营效益差、资本规模小的国有资本。基金经营方式是指在国有资本经营过程中借助基金中介力量从事经营活动,这种方式仅适合于国有资本增量管理,且要求有很完善的资本市场和规范的投融

---

① 2008年10月28日第十一届全国人大常委会第五次会议审议通过的《中华人民共和国企业国有资产法》明确规定了国资委的国有资产出资人职能。但是,国资委作为出资人,从理论上讲应与其他出资人主体一样属于民商法主体,依法持有企业股份、享有资本收益权和重大事项决议权等,而不应该是行政机关,但是在现实工作中,很多地方政府仍将国资委视作行政机关,甚至要求国资委确认行政审批和行政执法主体资格,而地方国资委的精力则主要用在了出资人职责以外的工作上(廖红伟,2009)。

资渠道。

（4）健全国有资本治理结构，解决国有资本委托代理问题。以委托代理为典型特征的国有资本经营模式，会不可避免地面临逆向选择和道德风险以及内部人控制问题。因此，要有效解决国有资本委托代理问题就必须从健全国有资本治理机制入手。具体来说，有以下途径：①完善国有资本投资效益评价机制。科学合理的国有资本投资效益评价机制，既能对国有资本投资管理者进行有效的绩效考核监管，从而促使国有资本投资效益提高，又能对其起到激励约束作用。因此，在建立和完善国有资本投资效益评价机制时一定要做到科学、客观、全面并具有较强的可操作性，既不能过分强调对经济效益的考察而忽视社会效益，也不能过分侧重于社会效益而轻视经济效益。对于两者的考察要体现科学原则和公平原则。②建立国有资本投资制衡机制。国有资本投资的各部门，如研究部门、投资部门、财务部门、审计部门等对国有资本投资的决策、执行、日常管理和事后监督等事项进行相互监督、相互制衡，以确保国有资本投资的规范合理、科学有效。如在重大投资项目开始之前，应先由国有资本投资研究部门进行充分调查研究并进行可行性分析之后，再交决策部门进行决策；获得决策部门批准与授权后，再交投资部门具体负责，并由财务部门或审计部门负责对国有资本投资效益进行评价与考核。在整个投资过程中，各部门都应相互制衡、防止"合谋"行为的发生。③构建国有资本经营预算制度。首先，从国有资本预算编制的角度来讲，要确保预算编制的科学性与合理性，要将国有资本收益全面纳入预算管理，并科学界定收入、合理安排支出，切实做到"量入为出、收支平衡"；其次，要对国有资本收益管理做到"收支两条线"，确保国有资本投资效益提高。④充分发挥竞争机制对国有资本治理结构有效性的提升作用。竞争机制的引入可以从外部促使国有资本投资效益的提高，主要措施包括：减少市场进入限制，允许并鼓励外部竞争者（如私人资本、国际资本）加入；削弱国有资本在某些领域所形成的投资垄断，使私人资本和其他资本能够与国有资本公平竞争等。将竞争机制引入国有资本投资领域，并形成具有市场导向性的优胜劣汰机制，能够极大地从外部激励国有资本改善经营管理机制，从而提高效益。

（5）建立国有资本投资问责制。将问责制引入国有资本投资管理体系，不仅能最大限度地减少国有资本投资决策失误以及国有资本投资过程中短期行为的发生，而且还能对国有资本投资监管起到长效的机制性作用。具体而言，可从以下三个方面入手：①首先，为防止国有资本投资过程中的盲目投资以及不进行科学决策就乱投资等行为的发生，应建立国有资本投资责任终生追究制。对于在国有资本投资重大决策上负有重大责任的相关当事人，应对其终生问责，不能因其转换工作岗位或退休就免除其应承担的责任。②对于国有资本监管机构人员的问责制。对于国有资本监管机构的工作人员，在监管工作过程中渎职以及对所发现的问题进行隐瞒、包庇而不进行及时纠正和处理，导致国有资本投资出现重大亏损的，也必须问责，并追究相应责任。③对于国有资本监管部门或政府部门任命的国有资本经营管理者处置不当而造成国有资本大量流失的，应对国有资本监管部门或政府部门主要负责人进行问责，并追究其经济责任、政治责任，后果严重者还应追究法律责任。

参考文献

[1] 马克思. 资本论（第1卷）[M]. 北京：人民出版社，1975：23-38.

[2] 斯密. 国民财富的性质和原因的研究 [M]. 上海：商务印书馆，1972：42-58.

[3] 庞巴维克. 资本实证论 [M]. 上海：商务印书馆，1981：46-59.

[4] 哈维. 现代经济学 [M]. 上海：上海译文出版社，1985：39-47.

[5] 库兹涅茨. 各国的经济增长 [M]. 上海：商务印书馆，1985：64-75.

[6] 刘易斯. 经济增长理论 [M]. 上海：上海三联书店，1994：76-85.

[7] 科尔曼. 社会理论的基础 [M]. 北京：社会科学文献出版社，1990：36-42.

[8] 斯蒂格利茨. 政府为什么干预经济 [M]. 北京：中国物资出版社，1998：6-19.

[9] 凯恩斯. 放任主义的终结 [M]. 上海：商务印书馆，1962：16-34.

[10] 郭复初. 国家财务论 [M]. 成都：西南财经大学出版社，1993：23-49.

[11] 郭复初. 现代财务理论研究 [M]. 北京：经济科学出版社，2000：73-89.

[12] 郭复初. 国有资本经营专论：国有资产管理、监督、营运体系研究 [M]. 上海：立信会计出版社，2002：9-23.

[13] 吴敬琏. 国有经济的战略性改组 [M]. 北京：中国发展出版社，1998：7-23.

[14] 席春迎. 国有经济的规模及其演变轨迹 [M]. 北京：中国经济出版社，1998：25-37.

[15] 林毅夫，蔡昉，李周. 中国的奇迹：发展战略与经济改革 [M]. 上海：上海人民出版社，1999：37-53.

［16］晏智杰. 西方市场经济下的政府干预［M］. 北京：中国计划出版社，1997：32-43.

［17］赵炳贤. 资本运营论［M］. 北京：企业管理出版社，1997：28-42.

［18］胡培兆. 社会主义国有资本论［M］. 北京：经济科学出版社，1999：89-102.

［19］施雪华. 政府权能理论［M］. 杭州：浙江人民出版社，1998：67-83.

［20］王玉珍. 国有企业资本结构制度分析［M］. 北京：中国经济出版社，1999：15-28.

［21］张亚东. 社会主义国有资本研究［M］. 大连：东北财经大学出版社，1999：16-34.

［22］刘中桥. 中西方国有企业发展比较［M］. 北京：经济科学出版社，2000：20-39.

［23］郝云宏. 国有资本经营论［M］. 北京：经济科学出版社，2000：16-27.

［24］张宗和. 中国现阶段非公有制经济研究［M］. 北京：经济管理出版社，2000：23-37.

［25］乔均. 国有企业改革研究［M］. 成都：西南财经大学出版社，2002：47-59.

［26］耿明斋，李燕燕. 国有资本生存边界与管理模式［M］. 北京：中国经济出版社，2003：83-94.

［27］齐艺莹. 国有资本效率论［M］. 北京：经济科学出版社，2005：48-69.

［28］郭复初，王建中. 资本市场与国有资本监管［M］. 北京：清华大学出版社，2005：37-58.

［29］李松森. 国有资产监督管理理论与政策选择［M］. 大连：东北财经大学出版社，2005：27-38.

［30］李增泉. 国家控股与公司治理的有效性：一项基于中国证券市场的实证研究［M］. 北京：经济科学出版社，2005：21-39.

［31］中国社会科学院经济研究所微观室. 20 世纪 90 年代中国公有企业的民营化演变［M］. 北京：社会科学文献出版社，2005：36-47.

［32］吴敬琏. 中国增长模式抉择［M］. 上海：上海远东出版社，2006：37-52.

［33］文宗瑜，刘微. 国有资本经营预算管理［M］. 北京：经济科学出版社，2007：18-39.

［34］王鸿. 国有资产管理体系构建论：经济与法律视角的制度分析［M］. 北京：人民出版社，2007：23-44.

［35］张文魁，袁东明. 中国经济改革30年（国有企业卷）［M］. 重庆：重庆大学出版社，2008：21-38.

［36］邹东涛，欧阳日辉. 中国所有制改革30年［M］. 北京：社会科学文献出版社，2008：52-73.

［37］北京大学中国国民经济核算与经济增长研究中心. 中国经济增长报告2008［M］. 北京：中国经济出版社，2008：63-86.

［38］国务院国有资产监督管理委员会研究局. 探索与研究：国有资产监管和国有企业改革研究报告（2009）［M］. 北京：中国经济出版社，2010：36-52.

［39］胡鞍钢. 中国：民生与发展［M］. 北京：中国经济出版社，2008：36-58.

［40］吴群刚. 制度变迁对长期经济绩效的影响机制：理论、模型及应用［D］. 北京：清华大学，2002：76-93.

［41］雷辉. 改革以来我国投资对经济增长的影响及其效率研究［D］. 武汉：华中科技大学，2006：32-57.

［42］钟成. 国有资产监管研究［D］. 北京：中共中央党校，2005：36-53.

［43］白玮. 国有资本财务监管框架下的国有企业内部控制研究［D］. 天津：天津大学，2007：23-42.

［44］章迪诚. 中国国有企业改革的制度变迁研究［D］. 上海：复旦大学，2008：12-33.

［45］王木. 国有资本配置效率与公平问题研究［D］. 成都：西南财经大学，2009：26-45.

［46］张德霖. 中国国有资产监督管理年鉴（2009）［M］. 北京：中国经济出版社，2009：47-58.

［47］郭克莎. 我国资源总配置效应分析［J］. 经济研究，1992（9）：30-37.

［48］冯子标，靳共元. 论社会主义资本［J］. 中国社会科学，1994（3）：47-61.

［49］蒋学模. 社会主义经济中的资本范畴和剩余价值范畴［J］. 经济研究, 1994（10）: 54-58.

［50］武建齐. 应对资本范畴进行怎样的"再认识"［J］. 经济研究, 1995（3）: 72-76.

［51］于金富. 资本范畴与我国现阶段资本的基本形式［J］. 当代经济研究, 2004（6）: 11-16.

［52］刘小玄. 国有企业与非国有企业的产权结构及其对效率的影响［J］. 经济研究, 1995（7）: 11-20.

［53］林青松. 改革以来中国工业部门的效率变化及其影响因素分析［J］. 经济研究, 1995（10）: 27-34.

［54］林青松, 李实. 企业效率理论与中国企业的效率［J］, 经济研究, 1996（6）: 73-80.

［55］郭克莎. 所有制结构变动与工业增长质量［J］. 管理世界, 1998（1）: 133-146.

［56］刘小玄, 郑京海. 国有企业效率的决定因素: 1985—1994［J］. 经济研究, 1998（1）: 37-46.

［57］邓剑锋. 社会主义市场经济条件下资本范畴若干理论与实践问题的探识［J］. 求是, 1999（8）: 31-33.

［58］王小鲁. 中国经济增长的可持续性与制度变革［J］, 经济研究, 2000（7）: 3-15.

［59］平新乔. 论国有经济比重的内生决定［J］. 经济研究, 2000（7）: 16-23.

［60］马拴友. 中国公共资本与私人部门经济增长的实证分析［J］. 经济科学, 2000（6）: 21-26.

［61］路风. 国有企业转变的三个命题［J］. 中国社会科学, 2000（5）: 4-27.

［62］郝云宏. 国有资本的政策性经营、服务性经营和营利性经营［J］. 中国工业经济, 2000（12）: 34-39.

［63］谷书堂. "新经济"浪潮与中国经济［J］. 南开经济研究, 2001（4）: 30-32.

［64］王学东. 国有资本运营目标的分层定位［J］. 经济学动态, 2001（5）: 25-27.

［65］刘元春. 国有企业宏观效率论: 理论及其检验［J］. 中国社会科学

2001 (5): 69-81.

[66] 刘怀德. 论国有经济的规模控制 [J]. 经济研究, 2001 (6): 62-69.

[67] 张军. 中国国有部门的利润率变动模式: 1978—1997 [J]. 经济研究, 2001 (3): 19-28.

[68] 林毅夫, 刘培林. 自生能力和国企改革 [J]. 经济研究, 2001 (9): 60-70.

[69] 金碚. 国有企业的历史地位和改革方向 [J]. 中国工业经济, 2001 (2): 5-16.

[70] 刘伟, 李绍荣. 所有制变化与经济增长和要素效率提升 [J]. 经济研究, 2001 (1): 3-9.

[71] 张军. 资本形成、工业化与经济增长: 中国的转轨特征 [J]. 经济研究, 2001 (4): 3-13.

[72] 李瑞娥, 贾崇吉. 资本范畴的拓展与西部资本利用 [J]. 中国工业经济, 2001 (11): 50-54.

[73] 林毅夫. 发展战略、自生能力和经济收敛 [J]. 经济学 (季刊), 2002 (1): 269-300.

[74] 杨亚达. 国有企业资本结构的实证分析 [J]. 管理世界, 2002 (4): 148-150.

[75] 盛毅. 国有企业资本积累的性质: 兼论企业改制中的职工安置 [J]. 社会科学研究, 2002 (3): 23-26.

[76] 杨天宇. "国有企业宏观效率论" 辨析: 与刘元春先生商榷 [J]. 中国社会科学, 2002 (6): 33-37.

[77] 韩立岩, 蔡红艳. 我国资本配置效率及其与金融市场关系评价研究 [J]. 管理世界, 2002 (2): 65-70.

[78] 刘国亮. 政府公共投资与经济增长 [J]. 改革, 2002 (4): 80-85.

[79] 财政部统计评价司课题组. 我国国有经济分行业发展态势与预测 [J]. 宏观经济研究, 2003 (1): 20-23.

[80] 阿夫纳. 格雷夫, 韩毅. 历史制度分析: 从经济史视角研究制度问题的新进展 [J]. 经济社会体制比较, 2003 (5): 30-43.

[81] 韩小明. 社会主义市场经济条件下的国有经济管理模式 [J]. 经济学动态, 2003 (2): 4-10.

[82] 经济增长前沿课题组. 经济增长、结构调整的累积效应与资本形成:

当前经济增长态势分析 [J]. 经济研究, 2003 (8): 3-12.

[83] 蒋学模. 关于新政治经济学的思考 [J]. 经济学家, 2004 (2): 12-16.

[84] 郭为. 经济增长的投资效应与影响路径: 一个脉冲响应的函数分析 [J]. 财贸研究, 2004 (5): 1-7.

[85] 王德文, 王美艳, 陈兰. 中国工业的结构调整、效率与劳动配置 [J]. 经济研究, 2004 (4): 41-49.

[86] 刘浩. 论公有制经济效率的认识误区 [J]. 财经研究, 2004 (3): 94-105.

[87] 白永秀, 严汉平. 试论国有企业定位与国企改革实质 [J]. 经济学家, 2004 (3): 37-42.

[88] 唐要家, 唐春晖. 转型中的国有所有权集中与工业产业绩效 [J]. 经济评论, 2004 (5): 78-82.

[89] 孟耀. 我国政府投资与民间投资的发展演变 [J]. 财经问题研究, 2004 (2): 28-31.

[90] 谭劲松, 郑国坚. 产权安排、治理机制、政企关系与企业效率: 以"科龙"和"美的"为例 [J]. 管理世界, 2004 (2): 104-116.

[91] 郭斌. 中国国有工业部门绩效及其变动: 1993—1997 [J]. 中国社会科学, 2004 (3): 31-41.

[92] 王化成, 刘俊勇. 企业业绩评价模式研究 [J]. 管理世界, 2004 (4): 82-91.

[93] 蒋云赟, 任若恩. 中国工业的资本收益率测算 [J]. 经济学 (季刊), 2004 (4): 877-888.

[94] 张军, 王祺. 权威、企业绩效与国有企业改革 [J]. 中国社会科学, 2004 (5): 106-116.

[95] 王守法, 仲页石. 关于国有资产管理问题的研究综述 [J]. 经济学动态, 2005 (11): 68-71.

[96] 耿建新, 崔宏. 国有资本监管理论与实务创新 [J]. 财经科学, 2005 (2): 97-104.

[97] 韩立岩, 王哲兵. 我国实体经济资本配置效率与行业差异 [J]. 经济研究, 2005 (1): 77-84.

[98] 张晏, 龚六堂. 分税制改革、财政分权与中国经济增长 [J]. 经济学 (季刊), 2005 (5): 75-108.

［99］夏立军，方轶强. 政府控制、治理环境与公司价值：来自中国证券市场的经验证据［J］. 经济研究，2005（5）：40-51.

［100］王劲松，史晋川，李应春. 中国民营经济的产业结构演进：兼论民营经济与国有经济、外资经济的竞争关系［J］. 管理世界，2005（10）：82-93.

［101］郭平，钟荣华. 对我国国有资产监管制度变迁的经济学思考［J］. 财经理论与实践，2005（5）：100-104.

［102］严若森. 中国国有企业治理模式的选择与构建：基本原则与战略重点［J］. 财经问题研究，2005（10）：62-66.

［103］李涛，周开国，乔银平. 企业增长的决定因素：中国经验［J］. 管理世界，2005（12）：116-122.

［104］郭庆旺，贾俊雪. 政府公共资本投资的长期经济增长效应［J］. 经济研究，2006（7）：29-40.

［105］白重恩，路江涌，陶志刚. 国有企业改制效果的实证研究［J］. 经济研究，2006（8）：4-13.

［106］黄速建，余菁. 国有企业的性质、目标与社会责任［J］. 中国工业经济，2006（2）：68-76.

［107］岳书敬，刘朝明. 人力资本与区域全要素生产率分析［J］. 经济研究，2006（4）：90-96.

［108］国家统计局课题组. 国有资产监管指标体系研究［J］. 统计研究，2006（6）：9-14.

［109］中国经济增长与宏观稳定课题组. 增长失衡与政府责任：基于社会性支出角度的分析［J］. 经济研究，2006（10）：4-17.

［110］CCER 中国经济观察研究组. 我国资本回报率估测（1978—2006）：新一轮投资增长和经济景气微观基础［J］. 经济学（季刊），2007（3）：723-758.

［111］金碚. 1978 年以来中国发展的轨迹与启示［J］. 中国工业经济，2007（5）：5-12.

［112］郝书辰，蒋震. 国有资本产业分布的决定因素和变动趋势实证研究［J］. 中国工业经济，2007（7）：14-21.

［113］卫兴华，侯为民. 中国经济增长方式的选择与转换途径［J］. 经济研究，2007（7）：15-22.

［114］林毅夫，任若恩. 东亚经济增长模式和相关争论的再探讨［J］. 经

济研究, 2007（8）: 4-12.

[115] 方军雄. 所有制、市场化进程与资本配置效率 [J]. 管理世界, 2007（11）: 27-35.

[116] 郭树清. 中国经济的内部平衡与外部平衡问题 [J]. 经济研究, 2007（12）: 4-10.

[117] 程晓东. 盈利、决策、责任与竞争力: 2007 年中国企业竞争力年会综述 [J]. 中国工业经济, 2008（1）: 154-159.

[118] 郭复初. 国有企业财务管理体制改革的历程 [J]. 财务与会计, 2008（21）: 16-18.

[119] 郭复初, 江涛, 任兴文. 转变国有经济发展方式, 实现国有资本保值增值 [J]. 国有资产管理, 2008（2）: 21-24.

[120] 张玉台. 2008 年政策咨询工作需要深入研究的若干重大问题 [J]. 管理世界, 2008（3）: 1-5.

[121] 周长城, 谢颖. 经济社会发展综合评价指标体系研究 [J]. 社会科学研究, 2008（1）: 89-94.

[122] 吕冰洋. 中国资本积累的动态效率: 1978—2005 [J]. 经济学（季刊）, 2008（2）: 509-532.

[123] 单豪杰, 师博. 中国工业部门的资本回报率: 1978—2006 [J]. 产业经济研究, 2008（6）: 1-9.

[124] 沈志渔, 刘兴国, 周小虎. 基于社会责任的国有企业改革研究 [J]. 中国工业经济, 2008（9）: 141-149.

[125] 中国经济增长与宏观稳定课题组. 中国可持续增长的机制: 证据、理论和政策 [J]. 经济研究, 2008（10）: 13-25.

[126] 黄速建. 国有企业改革三十年: 成就、问题与趋势 [J]. 首都经济贸易大学学报, 2008（6）: 5-22.

[127] 周黎安, 陶婧. 政府规模、市场化与地区腐败问题研究 [J]. 经济研究, 2009（1）: 57-69.

[128] 汪立鑫, 付青山. 转型期国有资本收益的公共福利性支出 [J]. 财经科学, 2009（1）: 103-110.

[129] 中国经济增长与宏观稳定课题组. 全球失衡、金融危机与中国经济的复苏 [J]. 经济研究, 2009（5）: 4-20.

[130] 黄茂兴, 李军军. 技术选择、产业结构升级与经济增长 [J]. 经济研究, 2009（7）: 143-151.

[131] 罗绍德, 刘国庆, 杨明. 国有资本的双重隐性负债分析 [J]. 财经科学, 2010 (4): 110-117.

[132] 郭复初, 曾龙祥, 冉斌. 国有企业是战胜金融危机的中流砥柱 [J]. 国有资产管理, 2010 (10): 74-76.

[133] 曾道荣, 谭明军. 后金融危机时期企业财务活力提升的有效途径 [J]. 管理世界, 2010 (11): 1-9.

[134] 黄群慧. 新发展格局的理论逻辑、战略内涵与政策体系: 基于经济现代化的视角 [J]. 经济研究, 2021, 56 (4): 4-23.

[135] 张伟于, 良春. 创新驱动发展战略下的国有企业改革路径选择研究 [J]. 经济研究, 2019, 54 (10): 74-88.

[136] 张斌, 茅锐. 工业赶超与经济结构失衡 [J]. 中国社会科学, 2016 (3): 80-98.

[137] 刘纪鹏, 刘彪, 胡历芳. 中国国资改革: 困惑、误区与创新模式 [J]. 管理世界, 2020, 36 (1): 60-68.

[138] 张宁, 才国伟. 国有资本投资运营公司双向治理路径研究: 基于沪深两地治理实践的探索性扎根理论分析 [J]. 管理世界, 2021, 37 (1): 108-127.

[139] 柳学信. 国有资本的公司化运营及其监管体系催生 [J]. 改革, 2015 (2): 23-33.

[140] 肖红军. 国有资本运营公司改革进展与深化方向 [J]. 改革, 2021 (11): 42-61.

[141] 潘欣欣. 中国政府非税治理: 制度、困境与改革 [J]. 宏观经济研究, 2021 (1): 19-37.

[142] 李建标, 等. 混合所有制改革中国有和非国有资本的行为博弈: 实验室实验的证据 [J]. 中国工业经济, 2016 (6): 109-126.

[143] 张涛, 徐婷, 邵群. 混合所有制改革、国有资本与治理效率: 基于我国工业企业数据的经验研究 [J]. 宏观经济研究, 2017 (10): 113-126.

[144] 洪银兴, 桂林. 公平竞争背景下国有资本做强做优做大路径: 马克思资本和市场理论的应用 [J]. 中国工业经济, 2021 (1): 5-16.

[145] 张伟, 于良春. 创新驱动发展战略下的国有企业改革路径选择研究 [J]. 经济研究, 2019 (10): 74-88.

[146] 何瑛, 杨琳. 改革开放以来国有企业混合所有制改革: 历程、成效与展望 [J]. 管理世界, 2021 (7): 44-61.

［147］周娜，鲍晓娟.国企混合所有制改革轨迹与现实例证［J］.改革，2017（2）：77-87.

［148］张涛，徐婷，邵群.混合所有制改革、国有资本与治理效率：基于我国工业企业数据的经验研究［J］.宏观经济研究，2017（10）：113-125.

［149］祁怀锦，李晖，刘艳霞.政府治理、国有企业混合所有制改革与资本配置效率［J］.改革，2017（7）：40-50.

［150］王小荣.基于效率与结构优化目标的国有资本收益收取研究［J］.财政研究，2013（3）：22-25.

［151］钟昀珈，张晨宇，陈德球.国企民营化与企业创新效率：促进还是抑制［J］.财经研究，2016（7）：4-15.

［152］王艺明，赵焱.混合所有制改革对国有企业劳动生产率的影响研究［J］.财政研究，2021（10）：27-43.

［153］刘纪鹏，刘彪，胡历芳.中国国资改革：困惑、误区与创新模式［J］.管理世界，2020（1）：60-68.

［154］NURKSE R. Problems of capital formation in underdevelopment countries ［M］. Oxford：Oxford University Press，1953.

［155］ANJALI K. State holding companies and public enterprises in Transition ［M］. Saint Martinville：St. Martin's Press，1993.

［156］HART L. Firms，contracts and financial structure ［M］. Oxford：Oxford University Press，1995.

［157］NAUGHTON B. Growing out of the plan：Chinese economic reform 1978—1993 ［M］. Cambridge：Cambridge University Press，1995.

［158］OTSUKA K，MURAKAMI N. Industrial reform in China：past performance and future prospects ［M］. Oxford：Oxford University Press，1998.

［159］WOLFGANG M. The Meltdown Years：The Unfolding of the Global Economic Crisis ［M］. New York：McGraw-Hill Press，2009.

［160］WASSLLY W L. Domestic Production and Foreign Trade：the American Capital Position Re-examined ［J］. Proceeding of American Philosophical Society，1953，97（8）：332-349.

［161］PAUL K. Scale Economics，Product Differentiation，and the Pattern of Trade ［J］. American Economic Review，1980，70（5）：950-959.

［162］MITCHELL D W，SPEAKER P J. A Simple，Flexible Distributed Lag Technique：The Polynomial Inverse Lag ［J］. Journal of Econometrics，1986（31）：

329-340.

[163] KHAN M S, REINHART C M. Private Investment and Economic Growth in Developing Countries [J]. Word Development, 1990, 18 (1): 19-27.

[164] ROBERTO P. Income Distribution, Politics and Growth [J]. American Economic Review, 1992, 82 (2): 311-316.

[165] PHILIPPE A, PETER H. A Model of Growth Through Creative Destruction [J]. Econometrica, 1992, 60 (2): 323-351.

[166] ODED G, JOSEPH Z. Income Distribution and Macroeconomics [J]. Review of Economic Studies, 1993 (60): 35-52.

[167] ALEXANDER W, ROBERT J. The Investment Output Ratio in Growth Regression [J]. Applied Economic Letters, 1994 (3): 74-76.

[168] THEODORE G, YONGMIAO H, JOHN M, et al. Autonomy and Incentives in Chinese State Enterprises [J]. Quarterly Journal of Economics, 1994, 109 (1): 183-209.

[169] TORSTEN P, GUIDO T. Is Inequality Harmful for Growth? Theory and Evidence [J]. American Economic Review, 1994 (84): 600-621.

[170] ALBERTO A, DANI R. Distributive Politics and Economic Growth [J]. Quarterly Journal of Economics, 1994, 109 (2): 465-490.

[171] CLARKE G R. More Evidence on Income Distribution and Growth [J]. Journal of Development Economics, 1995, 47 (2): 403-427.

[172] DANIEL T. The Case of the Missing Trade and Other Mysteries [J]. American Economic Reviews, 1995, 85 (5): 1029-1046.

[173] ROLAND B. Inequality and Growth [J]. Macroeconomics Annual, 1996 (11): 11-75.

[174] MAURICE O. Model of Currency Crisis with Self-fulfilling Features [J]. European Economic Review, 1996, 40 (3): 1037-1047.

[175] BENHABIB J, RUSTICHINI A. Social Conflict and Growth [J]. Journal of Economic Growth, 1996, 1 (1): 125-142.

[176] ROBERTO P. Growth, Income Distribution and Democracy: What the Data Say [J]. Journal of Economic Growth, 1996, 6 (1): 149-187.

[177] ANDREW P. The Evolution of Industrial Relations in UK Nationalized Industries [J]. British Journal of Industrial Relations, 1997, 35 (2): 145-172.

[178] TORSTEN P, GUIDO T. Is Inequality Harmful for Growth [J].

American Economic Review, 1994, 84 (3): 600-621.

[179] FRANCOIS B, CHRISTIAN M. Inequality and Development: the Role of Dualism [J]. Journal of Development Economics, 1998, 57 (2): 233-257.

[180] KLAUS D, LYN S. New Ways of Looking at Old Issues: Inequality and Growth [J]. Journal of Development Economics, 1998, 57 (2): 259-287.

[181] MARTIN R. Does Aggregation Hide the Harmful Effects of Inequality on Growth [J]. Economics Letters, 1998, 61 (1): 73-77.

[182] HONGYI L, HENGFU Z. Income Inequality is not Harmful for Growth: Theory and Evidence [J]. Review of Development Economics, 1998, 2 (3): 318-334.

[183] CECILIA G P, EVA C, PHILIPPE A. Inequality and Economic Growth: The Perspective of the New Growth Theories [J]. Journal of Economic Literature, 1999, 37 (4): 1615-1660.

[184] LAFAEL L P, FLORENCIO L S. The Benefits of Privatization: Evidence from Mexico [J]. Quarterly Joural of Economics, 1999, 11 (4): 1193-1242.

[185] ROMAN F, CHERYL G, MAREK H, et al. When Does Privatization Work? The Impact of Private Ownership on Corporate Performance in the Transition Economies [J]. Quarterly Journal of Economics, 1999, 11 (4): 1153-1191.

[186] ROBERT B. Inequality and Growth in a Panel of Countries [J]. Journal of Economic Growth, 2000, 5 (1): 5-53.

[187] GARRY S, RICHARD S. Portfolio Diversification, Leverage, and Financial Contagion [R]. IMF Staff Papers, 2000, 47 (2): 36-44.

[188] KRISTIN J F. A Reassessment of the Relationship between Inequality and Growth [J]. American Economic Review, 2000, 90 (4): 869-887.

[189] FRANKLIN A, DOUGLAS G. Bubbles and Crises [J]. Economic Journal, 2000, 110 (460): 236-255.

[190] ATKINSON A B, ANDREA B. Promise and Pitfalls in the Use of Secondary Data－Sets: Income Inequality in OECD Countries as a Case Study [J]. Journal of Economic Literature, 2001, 39 (3): 771-799.

[191] SIMEON D, PETER M. Enterprise Restructuring in Transition: A Quantitative Survey [J]. Journal of Economic Literature, 2002 (9): 739-792.

[192] ARTHUR F, AVI S. The division of Labor, Inequality and Growth [J]. Journal of Economic Growth, 2002, 7 (2): 117-136.

[193] ZHANG JUN. Investment, Investment Efficiency, and Economic Growth in China [J]. Journal of Asian Economics, 2003, 14 (5): 713-734.

[194] HARALD S, STEFANIE K. Contagion and Causality: an Empirical Investigation of Four Asian Crisis Episodes [J]. Journal of International Financial Markets Institutions and Money, 2003, 13 (2): 171-186.

[195] MATTIAS L, LYN S. The Simultaneous Evolution of Growth and Inequality [J]. The Economic Journal, 2003, 113 (487): 326-344.

[196] SUGATA G, SARMISTHA P. The Effect of Inequality on Growth: Theory and Evidence from the Indian States [J]. Review of Development Economics, 2004, 8 (1): 164-177.

[197] DAVID L C, MATTHIAS D. Inequality and Growth: Why Differential Fertility Matters [J]. American Economic Review, 2003, 93 (4): 1091-1113.

[198] WILLIAM R W. Past Financial Crises, the Current Financial Turmoil, and the Need For a New Macrofinancial Stability Framework [J]. Journal of Financial Stability, 2008, 4 (4): 307-312.

[199] NAJAH A, SADOK E G, OMRANE G. Do Multiple Large Shareholders Play a Corporate Governance Role? Evidence from East Asia [J]. Journal of Financial Research, 2009, 32 (4): 395-422.

[200] FRANCIS F. State-Building: Governance and World Order in the 21st Century [M]. Ithaca: Cornell University Press, 2014.

[201] TIMOTHY J B, TORSTEN P. State Capacity, Conflict, and Development [J/OL]. NBER Working Paper 15088, 2009, (6): 1-38.

[202] WENFENG W, CHONGFENG W, et al. Political Connections, Tax Benefits and Firm Performance: Evidence from China [J]. Journal of Accounting and Public policy, 2012, 31 (3): 277-300.

[203] MáRIO S S, ANTóNIO C M, ELISABETE S V. Governance with Complex Structures: Evidence from Western European Countries [J]. Journal of Business Economics and Management, 2015, 16 (3): 542-557.

附录

1. 平均受教育年限计算方法及过程

在计算平均受教育年限时，我们用各教育层次（从小学到普通高等教育）的存量人数乘以相应的教育年限并将其加总，然后以加总数据除以当年人口总数，便得到了平均受教育年限，其计算公式如下：

$$AE = \frac{\sum NE_i \times n_i}{HN} \tag{A-1}$$

式中，AE 表示平均受教育年限，NE_i 表示各层次教育存量人数，n_i 表示各层次教育所需基本年限，HN 表示当年人口总数。我们对参数 i 做出如下界定：$i=1$ 表示小学教育程度，$i=2$ 表示初中教育程度，$i=3$ 表示高中（含职业中学）教育程度，$i=4$ 表示高等教育程度；相应地，$n_1=6$（年），$n_2=9$（年），$n_3=12$（年），$n_4=16$（年）。历年各级教育毕业人数如表 A-1 所示。

表 A-1　历年各级教育毕业人数　　　　　　单位：万人

年份	普通高等学校	高级中学	初级中学	职业中学	小学
1985	31.6	196.6	998.3	41.3	1 999.9
1986	39.3	224.0	1 057.0	57.9	2 016.1
1987	53.2	246.8	1 117.3	75.0	2 043.0
1988	55.3	250.6	1 157.2	81.0	1 930.3
1989	57.6	243.2	1 134.3	86.3	1 857.1
1990	61.4	233.0	1 109.1	89.3	1 863.1
1991	61.4	222.9	1 085.5	94.5	1 896.7

年份	普通高等学校	高级中学	初级中学	职业中学	小学
1992	60.4	226.1	1 102.3	96.7	1 872.4
1993	57.1	231.7	1 134.2	102.5	1 841.5
1994	63.7	209.3	1 152.6	107.6	1 899.6
1995	80.5	201.6	1 227.4	124.0	1 961.5
1996	83.9	204.9	1 279.0	139.6	1 934.1
1997	82.9	221.7	1 442.4	150.1	1 960.1
1998	83.0	251.8	1 580.2	162.8	2 117.4
1999	84.8	262.9	1 589.8	167.8	2 313.7
2000	95.0	301.5	1 607.1	176.3	2 419.2
2001	103.6	340.5	1 707.0	166.5	2 396.9
2002	133.7	383.8	1 879.8	145.4	2 351.9
2003	187.7	458.1	1 995.6	135.5	2 267.9
2004	239.1	546.9	2 070.4	142.5	2 135.2
2005	306.8	661.6	2 106.5	170.0	2 019.5
2006	377.5	727.1	2 062.4	179.5	1 928.5
2007	447.8	788.3	1 956.8	197.7	1 870.2
2008	511.9	836.1	1 862.9	216.7	1 865.0

注: 本表数据来源于《中国统计年鉴》(2009)。1978—1984 年相关数据缺失。

由于缺乏各层次受教育人数的存量指标(我们仅能获取 2000 年第四次人口普查时的存量数据),因此我们打算以 2000 年人口普查所获取的存量指标为依据,并结合各年不同教育层次的毕业生人数来推算每年的各教育层次的人数存量指标。比如,2000 年具备高等教育素质的存量人数为 2 571 万人,以 2 571 万人减去 1999 年普通高校毕业生人数就得到了 1999 年已受高等教育的存量人数;同样,为得到 2001 年已受高等教育的存量人数,可以用 2000 年的 2 571 万人加上 2000 年的高校毕业生人数。依此类推,以 2000 年的存量数据为基点,就能得到各年各类教育的存量人数。通过计算我们得到了表 A-2 所示的各类教育的存量人数。其中,由于缺乏 1978—1984 年的各级教育毕业生人数,我们无法估算该期间的存量指标,但是通过对已估算出数据(即 1985—2008 年的存量指标)的基本分析,我们发现各级教育存量人数呈现明显的规律性增长趋势，因此，我们打算以已估算出的数据（1985—2008 年的数据）扣除增长性因素去推测 1978—1984 年的存量指标。我们计算出了 1985—2008 年各类教育的几何平均增长速度①，然后，以 1985 年的数据除以几何增长速度就得到了 1984 年的数据。之后，又以 1984 年的数据除以几何增长速度就得到了 1983 年的数据。依此类推，我们得到了缺失数据的估测值。

在估算出各教育层次存量人数后，将这些指标代入式（A-1），就得到了历年平均受教育年限（见表 A-2）。

表 A-2 各级受教育存量人数与平均受教育年限

年份	普通高校/万人	高中(含中专)/万人	初中/万人	小学/万人	人口/万人	平均受教育年限/年
1978	1 185.27	4 419.98	15 366.14	13 393.33	96 259	3.01
1979	1 238.82	4 645.19	16 065.23	14 099.60	97 867	3.11
1980	1 294.79	4 881.88	16 796.11	14 843.12	98 705	3.23
1981	1 353.29	5 130.63	17 560.25	15 625.84	100 072	3.34
1982	1 414.43	5 392.05	18 359.16	16 449.84	101 654	3.45
1983	1 478.33	5 666.79	19 194.41	17 317.29	103 008	3.57
1984	1 545.13	5 955.54	20 067.66	18 230.49	104 357	3.70
1985	1 614.94	6 056.87	20 980.64	18 034.45	105 851	3.82
1986	1 646.54	6 198.69	20 980.64	18 678.43	107 507	3.77
1987	1 685.84	6 334.27	20 980.64	19 000.58	109 300	3.71
1988	1 739.04	6 558.99	20 980.64	19 102.84	111 026	3.66
1989	1 794.34	7 311.79	22 843.50	21 056.84	112 704	3.97
1990	1 851.94	8 297.82	24 800.34	22 927.04	114 333	4.28
1991	1 913.34	9 204.40	26 862.74	24 855.54	115 823	4.59

---

① 对于具有显著递增（或递减）趋势的时间序列，几何平均计算法相对于简单平均法具有明显的优势。其计算方法是 $A = \sqrt[n]{\dfrac{y_n}{y_1}} - 1$。以 1984 年普通高校存量人数为例，我们以 2008 年的 4 462.23 万人除以 1985 年的 1 614.94 万人，然后开 23 次方，并减 1，就得到了其几何增长速度，即 $A = \sqrt[23]{\dfrac{4\ 462.23}{1\ 614.94}} - 1 = 0.045\ 2$。通过计算，我们得到了高中（含中专）、初中和小学的存量人数的几何增长速度分别为 0.050 9、0.045 5 和 0.052 7。

年份	普通高校/万人	高中(含中专)/万人	初中/万人	小学/万人	人口/万人	平均受教育年限/年
1992	1 974.74	10 035.98	28 969.26	26 875.02	117 171	4.89
1993	2 035.14	10 725.38	31 039.66	29 010.22	118 517	5.18
1994	2 092.24	11 318.98	33 035.26	31 278.12	119 850	5.45
1995	2 155.94	11 848.17	34 915.13	33 630.04	121 121	5.71
1996	2 236.44	12 355.13	36 622.11	36 026.94	122 389	5.96
1997	2 320.34	12 832.92	38 229.20	38 446.12	123 626	6.19
1998	2 403.24	13 263.66	39 819.00	40 759.86	124 761	6.40
1999	2 486.24	13 678.26	41 399.20	42 877.26	125 786	6.62
2000	2 571.00	14 109.00	42 989.00	45 191.00	126 743	6.85
2001	2 665.98	14 586.79	44 596.09	47 610.18	127 627	7.08
2002	2 769.61	15 093.75	46 303.07	50 007.08	128 453	7.33
2003	2 903.34	15 622.94	48 182.94	52 359.00	129 227	7.59
2004	3 091.04	16 216.54	50 178.54	54 626.90	129 988	7.87
2005	3 330.14	16 905.94	52 248.94	56 762.10	130 756	8.15
2006	3 636.94	17 737.51	54 355.45	58 781.58	131 448	8.46
2007	4 014.44	18 644.11	56 417.85	60 710.08	132 129	8.77
2008	4 462.23	19 630.12	58 374.65	62 580.28	132 802	9.09

注：本表数据根据《中国统计年鉴》（2009）中各级教育毕业人数计算而得，由于缺乏1978—1984年毕业人数，我们按照几何平均增长速度进行了相应估算。

2. 国有资本社会效益具体计量指标得分情况

国有资本社会效益计量指标得分如表 A-3 所示。

表 A-3　各计量指标得分情况

年份	人均 GDP 得分	失业率 得分	人均居住面积得分	卫生投资 得分	平均受教育年限得分	环境投资得分	犯罪率 得分	基尼系数得分
1978	0.00	0.39	0.00	0.00	0.00	0.00	2.50	2.50
1979	0.01	0.00	0.12	0.01	0.16	0.09	2.47	2.30
1980	0.02	0.92	0.12	0.02	0.36	0.28	2.44	2.29
1981	0.02	2.37	0.21	0.03	0.54	0.42	2.40	1.92
1982	0.03	3.16	0.28	0.03	0.72	0.57	2.36	2.22
1983	0.05	4.34	0.39	0.05	0.92	0.47	2.33	2.11
1984	0.07	4.87	0.46	0.07	1.13	0.24	2.28	1.85
1985	0.11	5.00	0.76	0.08	1.33	0.19	2.24	2.09
1986	0.13	4.74	1.32	0.10	1.25	2.03	2.19	1.85
1987	0.16	4.74	1.39	0.13	1.15	1.56	2.14	1.78
1988	0.22	4.74	1.46	0.18	1.07	1.79	2.09	1.17
1989	0.25	3.95	1.57	0.24	1.58	1.37	2.03	1.43
1990	0.28	4.08	1.62	0.30	2.09	1.04	1.97	1.48
1991	0.34	4.34	1.74	0.36	2.60	0.94	1.91	1.63
1992	0.43	4.34	1.88	0.45	3.09	1.93	1.85	1.22
1993	0.59	3.95	1.97	0.58	3.57	1.98	1.77	1.36
1994	0.82	3.68	2.08	0.75	4.01	1.27	1.69	0.75
1995	1.05	3.55	2.22	0.92	4.44	0.90	1.62	0.67
1996	1.22	3.42	2.38	1.16	4.85	0.80	1.53	0.57
1997	1.35	3.29	2.57	1.37	5.23	1.18	1.33	1.01
1998	1.44	3.29	2.78	1.57	5.58	2.31	1.34	1.01

年份	人均GDP得分	失业率得分	人均居住面积得分	卫生投资得分	平均受教育年限得分	环境投资得分	犯罪率得分	基尼系数得分
1999	1.52	3.29	2.94	1.72	5.94	2.78	1.12	1.05
2000	1.68	3.29	3.15	1.94	6.32	3.30	1.01	0.90
2001	1.85	2.63	3.26	2.12	6.69	3.35	0.70	0.32
2002	2.02	2.11	3.73	2.43	7.11	4.10	0.85	0.60
2003	2.28	1.71	3.94	2.76	7.53	4.53	0.74	0.00
2004	2.68	1.84	4.24	3.17	7.99	3.58	0.68	0.56
2005	3.06	1.84	4.49	3.60	8.45	4.10	0.46	0.48
2006	3.54	1.97	4.72	4.08	8.96	3.73	0.33	0.27
2007	4.29	2.11	4.71	4.66	9.47	4.39	0.22	0.24
2008	5.00	1.84	5.00	5.00	10.00	5.00	0.00	0.49

3. 综合效益评价指标体系构建所涉及的其他参数

综合效益评价指标体系构建所涉及的其他参数如表 A-4、表 A-5、表 A-6、图 A-1、图 A-2、图 A-3 所示。

表 A-4 改革开放三十年（1978—2008 年）中国经济发展状况

年度	GDP		人均GDP	
	数量/亿元	环比增长/%	数量/元	环比增长/%
1978	3 645.2	—	381	—
1979	4 062.6	11.45	419	9.97
1980	4 545.6	11.89	463	10.50
1981	4 889.5	7.57	492	6.24
1982	5 330.5	9.02	528	7.24
1983	5 985.6	12.29	583	10.40
1984	7 243.8	21.02	695	19.31

年度	GDP		人均 GDP	
	数量/亿元	环比增长/%	数量/元	环比增长/%
1985	9 040.7	24.81	858	23.39
1986	10 274.4	13.65	963	12.28
1987	12 050.6	17.29	1 112	15.49
1988	15 036.8	24.78	1 366	22.76
1989	17 000.9	13.06	1 519	11.24
1990	18 718.3	10.10	1 644	8.23
1991	21 826.2	16.60	1 893	15.13
1992	26 937.3	23.42	2 311	22.10
1993	35 260.0	30.90	2 998	29.74
1994	48 108.5	36.44	4 044	34.87
1995	59 810.5	24.32	5 046	24.77
1996	70 142.5	17.27	5 846	15.86
1997	78 060.8	11.29	6 420	9.82
1998	83 024.3	6.36	6 796	5.85
1999	88 479.2	6.57	7 159	5.33
2000	98 000.5	10.76	7 858	9.77
2001	108 068.2	10.27	8 622	9.72
2002	119 095.7	10.20	9 398	9.00
2003	135 174.0	13.50	10 542	12.17
2004	159 586.7	18.06	12 336	17.01
2005	184 088.6	15.35	14 053	13.92
2006	213 131.7	15.78	16 165	15.03
2007	259 258.9	21.64	19 524	17.13
2008	302 853.4	16.82	22 698	16.26

注：本表中 GDP 和人均 GDP 数据来源于《中国统计年鉴》(2009)，本表的"环比增长"是以 1978 年为基期，通过（GDP_{n+1}-GDP_n）/GDP_n×100%计算得来。

表 A-5　城乡住房情况

年份	城镇新建住宅面积/亿平方米	农村新建住宅面积/亿平方米	城市人均住宅面积/平方米	农村人均住宅面积/平方米
1978	0.38	1.00	6.7	8.1
1980	0.92	5.00	7.2	9.4
1985	1.88	7.22	10.0	14.7
1986	2.22	9.84	12.4	15.3
1987	2.23	8.84	12.7	16.0
1988	2.40	8.45	13.0	16.6
1989	1.97	6.76	13.5	17.2
1990	1.73	6.91	13.7	17.8
1991	1.92	7.54	14.2	18.5
1992	2.40	6.19	14.8	18.9
1993	3.08	4.81	15.2	20.7
1994	3.57	6.18	15.7	20.2
1995	3.75	6.99	16.3	21.0
1996	3.95	8.28	17.0	21.7
1997	4.06	8.06	17.8	22.5
1998	4.76	8.00	18.7	23.3
1999	5.59	8.34	19.4	24.2
2000	5.49	7.97	20.3	24.8
2001	5.75	7.29	20.8	25.7
2002	5.98	7.42	22.8	26.5
2003	5.50	7.52	23.7	27.2
2004	5.69	6.80	25.0	27.9
2005	6.61	6.67	26.1	29.7
2006	6.30	6.84	27.1	30.7
2007	6.88	7.75	27.1	31.6
2008	7.60	8.34	28.3	42.4

注：本表数据来源于《中国统计年鉴》（2009）。

表 A-6　城乡居民人均收入与恩格尔系数

年份	城镇居民人均可支配收入		城镇居民人均可支配收入		恩格尔系数	
	绝对数/元	指数 （1978＝100）	绝对数/元	指数 （1978＝100）	城镇 居民	农村 居民
1978	343. 4	100. 0	133. 6	100. 0	57. 5	67. 7
1980	477. 6	127. 0	191. 3	139. 0	56. 9	61. 8
1985	739. 1	160. 4	397. 6	268. 9	53. 3	57. 8
1990	1 510. 2	198. 1	686. 3	311. 2	54. 2	58. 8
1991	1 700. 6	212. 4	708. 6	317. 4	53. 8	57. 6
1992	2 026. 6	232. 9	784. 0	336. 2	53. 0	57. 6
1993	2 577. 4	255. 1	921. 6	346. 9	50. 3	58. 1
1994	3 496. 2	276. 8	1 221. 0	364. 3	50. 0	58. 9
1995	4 283. 0	290. 3	1 577. 7	383. 6	50. 1	58. 6
1996	4 838. 9	301. 6	1 926. 1	418. 1	48. 8	56. 3
1997	5 160. 3	311. 9	2 090. 1	437. 3	46. 6	55. 1
1998	5 425. 1	329. 9	2 162. 0	456. 1	44. 7	53. 4
1999	5 854. 0	360. 6	2 210. 3	473. 5	42. 1	52. 6
2000	6 280. 0	383. 7	2 253. 4	483. 4	39. 4	49. 1
2001	6 859. 6	416. 3	2 366. 4	503. 7	38. 2	47. 7
2002	7 702. 8	472. 1	2 475. 6	527. 9	37. 7	46. 2
2003	8 472. 2	514. 6	2 622. 2	550. 6	37. 1	45. 6
2004	9 421. 6	554. 2	2 936. 4	588. 0	37. 7	47. 2
2005	10 493. 0	607. 4	3 254. 9	624. 5	36. 7	45. 5
2006	11 759. 5	670. 7	3 587. 0	670. 7	35. 8	43. 0
2007	13 785. 8	752. 3	4 140. 4	734. 4	36. 3	43. 1
2008	15 780. 8	815. 5	4 760. 6	793. 2	37. 9	43. 7

注：本表数据来源于《中国财政年鉴》（2009）。

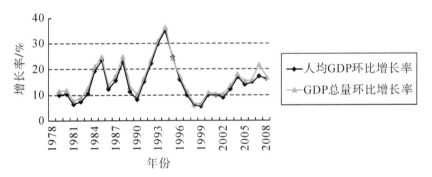

图 A-1 GDP 总量与人均 GDP 的环比增长状况

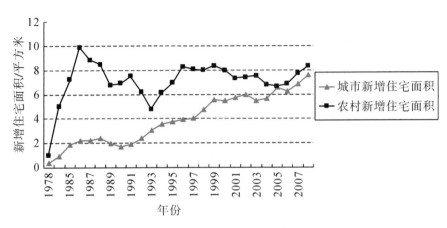

图 A-2 城市与农村新增住房面积

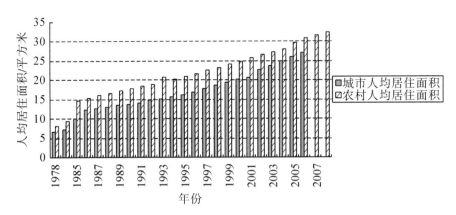

图 A-3 城市与农村人均住房面积

后记

　　长期以来，我们一直有个想法，希望能够使学术著作如同散文一样，既能使研究者自得其乐，又能使读者流连忘返，不再是枯燥乏味的教科书式的说教或自圆其说动机下的冗杂繁复的证明。但我们深知，这绝非易事。学术的严谨加散文的优雅是近乎完美的追求与超乎执着的探寻，是"欲上青天揽日月"的壮怀逸兴，是充满浪漫主义色彩的理想。然而，知难而为是为勇也。

　　好文章犹如一个好故事，行云流水、徐舒和缓、娓娓道来。我们的故事正好从一个伟大的时代、一个令我们爱愁纠结的时代说起，其时间跨度达四十年。几十年，在历史的长河与人类发展进步的进程中或许真的微不足道，或许真是弹指一挥间。但正是这几十年，奠定了中国经济腾飞的基础，普遍地改善了几乎所有国民的生活状况和福利水平，极大地激发了国人久违的民族自尊心和大国崛起的强烈自豪感。与此同时，通胀压力的不断增加，城市房价的居高不下，社会腐败的屡禁不止，以及普遍的焦躁情绪与过大的生存压力，汇聚成了种种难以言述的时代情感。普通大众在分享中国经济和社会发展的成果的同时，也承受着社会转型的"蝶变之痛"，或许"痛并快乐"是对这个伟大时代最好的注释。

　　能够生于这么一个伟大的时代，并深刻感受各种经济和社会体制变革所带来的前所未有的冲击与社会面貌的巨大改变，是我们之幸，也为我们的研究提供了最直接的感性认识和最原始的经验素材。时代因素、理论纷争、观察视角与分析工具的综合作用构成了本书的主旋律。在讲述一个与我们每个人生活都息息相关且具有深远意义的故事时，我们力求客观公正、科学严谨。并且，更为重要的是，我们一直致力于以一种更生动、更舒畅的方式来讲述这个故事。

时代仍在进步，社会仍在发展，故事仍在发生，但故事的讲述者却早已换了一茬又一茬。沉舟侧畔千帆过，病树前头万木春。愿我们的研究为后续研究者开辟可拓展的空间。是为此书。

著者

2022 年 5 月